江西省高校人文社会科学研究专项任务（思想政治工作）2020年度项目，项目批准号：SZZX20109

立德树人视域下大学生爱国主义精神状况及其培养路径

罗丽娟　著

中国广播影视出版社

图书在版编目（CIP）数据

立德树人视域下大学生爱国主义精神状况及其培养路径 / 罗丽娟著. -- 北京：中国广播影视出版社，2023.12
ISBN 978-7-5043-9109-4

Ⅰ．①立… Ⅱ．①罗… Ⅲ．①大学生－爱国主义教育－研究－中国 Ⅳ．①G641.4

中国国家版本馆CIP数据核字(2023)第176176号

立德树人视域下大学生爱国主义精神状况及其培养路径

罗丽娟 著

责任编辑	刘雨桥	
责任校对	张　哲	
装帧设计	贝壳学术	

出版发行	中国广播影视出版社	
电　话	010-86093580　010-86093583	
社　址	北京市西城区真武庙二条9号	
邮　编	100045	
网　址	www.crtp.com.cn	
电子信箱	crtp8@sina.com	

经　销	全国各地新华书店	
印　刷	天津雅泽印刷有限公司	

开　本	710毫米×1000毫米　1/16	
字　数	123（千）字	
印　张	11.25	
版　次	2023年12月第1版　2023年12月第1次印刷	

书　号	ISBN 978-7-5043-9109-4	
定　价	69.00元	

目录

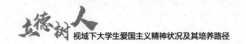

绪　论

一、研究背景

（一）中华民族自古具备爱国主义优良传统

爱国主义是中华民族赓续至今的伟大民族精神的核心，也是中华民族的传统美德，是中华民族千百年来生生不息的内生动力。历朝历代，无数仁人志士以报国为己任，保家卫国，前赴后继，谱写了可歌可泣的爱国主义伟大篇章。

春秋时期，齐国名臣管仲在《管子·牧民》中曰："以家为家，以乡为乡，以国为国，以天下为天下。"①可见，"国家"的概念自春秋战国时代开始形成，当时的知识分子强调治理国家要有爱国之心和责任感。

战国时期，诗人屈原在传世诗篇《离骚》中以"长太息以掩涕兮，哀民生之多艰"直抒自己对国家、对民众的关心与同情。此外，《礼记·儒行》以"苟利国家，不求富贵"表达了重国家公利而轻个人私利的思想。

三国时期，曹植作诗《白马篇》，尾句曰："捐躯赴国难，视死忽如归。"这充分体现了他建功立业的雄心壮志以及为国献身、视死如归的高尚精神。

东晋时期，葛洪在《抱朴子·外篇·广譬》中明言："烈士之爱国也如家。"这抒发了他对祖国的忠诚、热爱之情以及对国家具有不可推卸的责任感。

北宋时期，范仲淹在《岳阳楼记》中道："先天下之忧而忧，后天下之乐而乐。"这充分寄托了范仲淹强烈的爱国主义情感：为官者应该把国家、民族的利益摆在首位，优先考虑和维护国家、民族利益，为国家、民族的

---

① 李山、轩新丽译注:《管子》(上)，中华书局，2019，第9—10页。

发展与前途分忧解难和不断奋斗。

南宋时期，陆游不仅在《病起书怀》中直言"位卑未敢忘忧国"，而且在家书中留下了"王师北定中原日，家祭无忘告乃翁"这一传世爱国诗句。

清末，梁启超将顾炎武"保天下者，匹夫之贱，与有责焉耳矣"的爱国思想加以提炼，总结出了当今家喻户晓的爱国词句——"天下兴亡，匹夫有责"。"天下兴亡，匹夫有责"，这八个字振聋发聩、响彻千古，激励和振奋了一代又一代中国人在困难中奋进、在挫折中坚持，为国家和民族的前途命运抛头颅、洒热血，最终将一个濒临"被开除球籍"的国家，复兴为引领时代、独立世界之林的强盛大国。民族英雄林则徐在遭投降派诬陷发配伊犁与家人诀别时仍言："苟利国家生死以，岂因祸福避趋之。"这充分体现了林则徐高尚的爱国主义精神。

综上所述：自春秋战国以来，爱国主义就深深植根于中华民族的血脉之中，是中华民族的民族心、民族魂，是中华民族最重要的精神财富，是中国人民和中华民族维护民族独立和民族尊严的强大精神动力。爱国主义精神深深植根于中华民族心中，它激励着一代又一代中华儿女为祖国发展繁荣而自强不息、不懈奋斗。

（二）中国共产党对爱国主义精神的坚定弘扬

中国共产党在百年奋斗历程中始终坚持对爱国主义精神的坚定弘扬。诚如《新时代爱国主义教育实施纲要》所总结的："中国共产党是爱国主义精神最坚定的弘扬者和实践者……中国共产党团结带领全国各族人民进行的革命、建设、改革实践是爱国主义的伟大实践，写下了中华民族爱国主义精神的辉煌篇章。"[1]

---

① 　中共中央、国务院：《新时代爱国主义教育实施纲要》，《人民日报》2019年11月13日第6版。

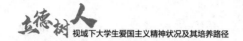
百余年来，中国共产党团结带领人民进行革命、建设、改革的实践是爱国主义精神的伟大实践，谱写了中华民族爱国主义精神的伟大篇章。总结概括中国共产党弘扬爱国主义精神的百年历程及基本经验，具有重大而深远的意义。

新民主主义革命时期。1921年中国共产党一经成立，就把为中国人民谋幸福、为中华民族谋复兴作为初心和使命，团结带领人民浴血奋战，推翻了帝国主义、封建主义、官僚资本主义三座大山，实现了民族独立和人民解放，建立了新中国，扭转了中华民族近代以来悲惨的命运，谱写了爱国主义的壮丽史诗。实现中华民族伟大复兴这一历史使命，从开始就与爱国主义紧密相连，与弘扬爱国主义精神的实践活动相统一。这一时期涌现出了伟大建党精神、井冈山精神、苏区精神、长征精神、遵义会议精神、延安精神、抗战精神、红岩精神、西柏坡精神、照金精神、东北抗联精神、南泥湾精神、太行精神、大别山精神、沂蒙精神、老区精神、张思德精神等，它们都是以爱国主义为核心的民族精神的最高体现。在爱国主义旗帜下，中国共产党带领中国人民取得新民主主义革命的胜利，争取民族独立和人民解放的历史使命得以顺利完成。

社会主义革命与建设时期。1949年新中国成立后，围绕建设新中国、建设社会主义，中国共产党培育和弘扬爱国主义精神，不断探索爱国主义教育规律，在国民中涵养爱国主义精神，激励人民积极建设社会主义。这一时期涌现了抗美援朝精神、"两弹一星"精神、雷锋精神、焦裕禄精神、大庆精神、红旗渠精神、北大荒精神、塞罕坝精神、"两路"精神、老西藏精神、西迁精神、王杰精神等。

改革开放时期。1978年党的十一届三中全会后，中国共产党全面推进爱国主义精神的培育和发展。这一时期发布了《关于加强爱国主义宣传教育的意见》《爱国主义教育实施纲要》《公民道德建设实施纲要》等文件，在社会上形成良好的创新氛围，广泛宣传以"八荣八耻"为主要内容的社会主义荣辱观，涌现了改革开放精神、特区精神、抗洪精神、抗击"非典"精神、抗震救灾精神、载人航天精神、劳模精神、青藏铁路精神、女排精神等。这些爱国主义精神推动了改革开放伟大事业的进程和全面小康社会的建设。

党的十八大以来，以习近平同志为核心的党中央高度重视爱国主义教育，固本培元、凝心铸魂，作出一系列重要部署，推动爱国主义教育取得显著成效。习近平总书记在多个场合，以多种方式强调了爱国主义精神以及爱国主义精神教育的重要性。

习近平总书记以岳飞背刺"精忠报国"的故事生动诠释家国情怀。习近平总书记在2016年12月12日会见第一届全国文明家庭代表时说："我看文学作品大都是在青少年时期，后来看得更多的是政治类书籍。记得我很小的时候，估计也就是五六岁，母亲带我去买书。当时，我母亲在中央党校工作。从中央党校到西苑的路上，有一家新华书店。我偷懒不想走路，母亲就背着我，到那儿买岳飞的小人书。当时有两个版本，一个是《岳飞传》，一套有很多本，里面有一本是《岳母刺字》；还有一个版本是专门讲精忠报国这个故事的，母亲都给我买了。买回来之后，她就给我讲精忠报国、岳母刺字的故事。我说，把字刺上去，多疼啊！我母亲说，是疼，但心里铭记住了。'精忠报国'四个字，我从那个时候一直记到现在，它也是我一生追求的目标。"①

2013年3月17日，习近平总书记在第十二届全国人民代表大会第一次会议上强调："实现中国梦必须弘扬中国精神。这就是以爱国主义为核心的民族精神，以改革创新为核心的时代精神。这种精神是凝心聚力的兴国

---

① 《习近平总书记的文学情缘》，《人民日报》2016年10月14日第24版。

之魂、强国之魂。"①

2013年10月21日，习近平总书记在欧美同学会成立100周年庆祝大会上强调："在中华民族几千年绵延发展的历史长河中，爱国主义始终是激昂的主旋律，始终是激励我国各族人民自强不息的强大力量。不论树的影子有多长，根永远扎在土里；不论留学人员身在何处，都要始终把祖国和人民放在心里。"②

2014年10月15日，习近平总书记在文艺工作座谈会上指出："在社会主义核心价值观中，最深层、最根本、最永恒的是爱国主义。爱国主义是常写常新的主题。拥有家国情怀的作品，最能感召中华儿女团结奋斗。范仲淹的'先天下之忧而忧，后天下之乐而乐'，陆游的'王师北定中原日，家祭无忘告乃翁''位卑未敢忘忧国''夜阑卧听风吹雨，铁马冰河入梦来'，文天祥的'人生自古谁无死，留取丹心照汗青'，林则徐的'苟利国家生死以，岂因祸福避趋之'，岳飞的《满江红》，方志敏的《可爱的中国》，等等，都以全部热情为祖国放歌抒怀。"③

2015年12月30日，习近平总书记在主持中共中央政治局第二十九次集体学习时强调："实现中华民族伟大复兴的中国梦，是当代中国爱国主义的鲜明主题。要大力弘扬伟大爱国主义精神，大力弘扬以改革创新为核心的时代精神，为实现中华民族伟大复兴的中国梦提供共同精神支柱和强大精神动力。"并继续强调："爱国主义是中华民族精神的核心。爱国主义精神深深植根于中华民族心中，是中华民族的精神基因，维系着华夏大地上各个民族的团结统一，激励着一代又一代中华儿女为祖国发展繁荣而不

---

① 中共中央文献研究室编《十八大以来重要文献选编》（上），中央文献出版社，2014，第235页。

② 《习近平在欧美同学会成立100周年庆祝大会上的讲话》，《人民日报》2013年10月22日第2版。

③ 《习近平在文艺工作座谈会上的讲话》，《人民日报》2015年10月15日第4版。

懈奋斗。"进而要求："要充分利用我国改革发展的伟大成就、重大历史事件纪念活动、爱国主义教育基地、中华民族传统节庆、国家公祭仪式等来增强人民的爱国主义情怀和意识，运用艺术形式和新媒体，以理服人、以文化人、以情感人，生动传播爱国主义精神，唱响爱国主义主旋律，让爱国主义成为每一个中国人的坚定信念和精神依靠。""弘扬爱国主义精神，必须坚持爱国主义和社会主义相统一。我国爱国主义始终围绕着实现民族富强、人民幸福而发展，最终汇流于中国特色社会主义。祖国的命运和党的命运、社会主义的命运是密不可分的。只有坚持爱国和爱党、爱社会主义相统一，爱国主义才是鲜活的、真实的，这是当代中国爱国主义精神最重要的体现。"[①]

2016年7月1日，习近平总书记在庆祝中国共产党成立95周年大会上指出："在5000多年文明发展中孕育的中华优秀传统文化，在党和人民伟大斗争中孕育的革命文化和社会主义先进文化，积淀着中华民族最深层的精神追求，代表着中华民族独特的精神标识。我们要弘扬社会主义核心价值观，弘扬以爱国主义为核心的民族精神和以改革创新为核心的时代精神，不断增强全党全国各族人民的精神力量。"[②]

2017年10月18日，习近平总书记在中国共产党第十九次全国代表大会上强调："深化民族团结进步教育，铸牢中华民族共同体意识，加强各民族交往交流交融，促进各民族像石榴籽一样紧紧抱在一起，共同团结奋斗、共同繁荣发展。"并进一步强调："人民有信仰，国家有力量，民族有希望。要提高人民思想觉悟、道德水准、文明素养，提高全社会文明程

---

① 《习近平在中共中央政治局第二十九次集体学习时强调：大力弘扬伟大爱国主义精神　为实现中国梦提供精神支柱》，《人民日报》2015年12月31日第4版。

② 习近平：《在庆祝中国共产党成立95周年大会上的讲话》，《人民日报》2016年7月2日第2版。

度。广泛开展理想信念教育，深化中国特色社会主义和中国梦宣传教育，弘扬民族精神和时代精神，加强爱国主义、集体主义、社会主义教育，引导人们树立正确的历史观、民族观、国家观、文化观。"①

2018年5月2日，习近平总书记在北京大学师生座谈会上强调："爱国，是人世间最深层、最持久的情感，是一个人立德之源、立功之本。孙中山先生说，做人最大的事情，'就是要知道怎么样爱国'。我们常讲，做人要有气节、要有人格。气节也好，人格也好，爱国是第一位的。我们是中华儿女，要了解中华民族历史，秉承中华文化基因，有民族自豪感和文化自信心。"并进一步要求："要时时想到国家，处处想到人民，做到'利于国者爱之，害于国者恶之'。爱国，不能停留在口号上，而是要把自己的理想同祖国的前途、把自己的人生同民族的命运紧密联系在一起，扎根人民，奉献国家。"②

2019年9月30日，习近平总书记在庆祝中华人民共和国成立70周年招待会上强调："在新的征程上，我们要高举团结的旗帜，紧密团结在党中央周围，巩固全国各族人民的大团结，加强海内外中华儿女的大团结，增强各党派、各团体、各民族、各阶层以及各方面的大团结，保持党同人民群众的血肉联系，大力弘扬爱国主义精神，凝聚成一往无前的力量，推动中华民族伟大复兴的航船乘风破浪、扬帆远航。"③

2021年10月9日，习近平总书记在纪念辛亥革命110周年大会上指出："新的征程上，我们必须大力弘扬爱国主义精神，树立高度的民族自尊心和民族自信心，铸牢中华民族共同体意识，紧紧依靠全体中华儿女共

① 习近平:《决胜全面建成小康社会 夺取新时代中国特色社会主义伟大胜利——在中国共产党第十九次全国代表大会上的报告》,《人民日报》2017年10月28日第4版。
② 习近平:《在北京大学师生座谈会上的讲话》,《人民日报》2018年5月3日第2版。
③ 习近平:《在庆祝中华人民共和国成立70周年招待会上的讲话》,《人民日报》2019年10月1日第3版。

同奋斗，坚持大团结大联合，不断巩固和发展最广泛的爱国统一战线，广泛凝聚中华民族一切智慧和力量，形成海内外全体中华儿女万众一心、共襄民族复兴伟业的生动局面。"①

2022年10月16日，习近平总书记在中国共产党第二十次全国代表大会上强调："弘扬以伟大建党精神为源头的中国共产党人精神谱系，用好红色资源，深入开展社会主义核心价值观宣传教育，深化爱国主义、集体主义、社会主义教育，着力培养担当民族复兴大任的时代新人。"②

由此可见，在各个历史时期，中国共产党是爱国主义精神的坚定传承者、实践者、弘扬者。

二、研究意义

置于立德树人视域下，本书对当代大学生爱国主义精神状况及教育开展实证研究，具有以下理论价值与实践意义。

（一）理论价值

第一，阐释立德树人与爱国主义精神培养的内在联结，夯实爱国主义精神研究的理论基础。本书将爱国主义精神研究置于立德树人视域下，将爱国主义视为新时代道德要求的重要组成部分，倡导以立德树人的理念指导爱国主义精神教育及其研究，从而有助于夯实爱国主义精神研究的理论基础。

---

① 习近平：《在纪念辛亥革命110周年大会上的讲话》，《人民日报》2021年10月10日第2版。
② 习近平：《高举中国特色社会主义伟大旗帜　为全面建设社会主义现代化国家而团结奋斗——在中国共产党第二十次全国代表大会上的报告》，人民出版社，2022，第44页。

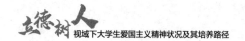

第二，构建科学合理的爱国主义精神测评维度和指标体系。本书将按照"概念—维度—指标"的范式，在充分阐释爱国主义精神内涵的基础上，构建科学合理的爱国主义精神测评维度与指标体系，以科学测评大学生的爱国主义精神状况和水平，并供其他相关研究参考。

第三，引入定性分析法与定量分析法相结合的研究方法，探索当代大学生爱国主义精神研究新的思路。本书将充分运用文献调查法、问卷调查法、深度访谈法等定量分析与定性分析方法，通过各种研究方法的恰当引入与结合，阐释当代大学生爱国主义精神状况及其教育，并提出更符合实际的培育策略。

（二）实践意义

第一，本书试图较为深入地揭示当代大学生爱国主义精神的基本水平、主要特点以及存在的问题，并有的放矢地提出相关培养路径的策略建议。这些研究成果可供高校管理者、思政理论教师、学生管理者、辅导员等用于内部交流讨论，也可为政府相关教育主管和规划部门、高校决策与管理部门、理论研究基地等机构在推进当代大学生爱国主义精神培育工作时提供理论支持和实践参考。

第二，当代大学生爱国主义精神教育存在一些不足与弊端，这些不足与弊端有碍于爱国主义精神培养的进一步深化与提升，在一定程度也将影响实现中国梦的进程。本书将在实证调研的基础上，揭示当代大学生爱国主义精神状况，并提出当代大学生爱国主义精神培养的创新路径，从而增强当代大学生爱国主义精神，坚定"四个自信"。

三、研究框架与内容

本书有着鲜明的问题导向与实践导向，本着理论联系实际的原则以及"提出问题—分析问题—解决问题"的逻辑思路展开，重点研究以下三个问题：①当前理论问题：新时代大学生爱国主义精神培养的新任务是什么？②当前实践问题：当代大学生爱国主义精神状况水平及其教育现状如何？③未来对策问题：新时代大学生爱国主义精神该如何培育？

围绕着上述三个研究问题，本书沿着"理论基础—现状调查—问题发现—对策建议"的研究思路展开，总体研究框架如图0-1所示，主要研究以下四方面的内容。

理论基础：立德树人与爱国主义精神培养的关系研究。不同于以往爱国主义精神培养的研究仅纯粹从爱国主义精神本身出发，本书与时俱进地将新时代爱国主义精神的培养置于立德树人视域下审视和研究，认为爱国主义精神的培养应服务于立德树人这一根本任务。爱国主义是当代大学生必备的道德素养，是立德树人的根本要求，在高校思政教育中应协调兼顾和统筹推进立德树人与爱国主义精神的培养。

现状调查：当代大学生爱国主义精神状况实证调查分析。以A大学为例，构建大学生爱国主义精神状况测评指标体系，据此调查分析该校大学生爱国主义精神的基本状况与水平，以期反映当代大学生爱国主义精神状况的一般水准。

问题发现：当代大学生爱国主义精神教育实证调查分析。继续以A大学为例，进一步调查分析该校爱国主义教育开展的现状，重点揭示当前爱国主义教育中所存在的不足以及学生的需求。

对策建议：遵循立德树人的新要求，针对实证研究中所发现的问题，在总结经验的基础上，提出可具效能、可供操作、可资推广的新时代培育

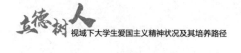

与强化大学生爱国主义精神的策略。

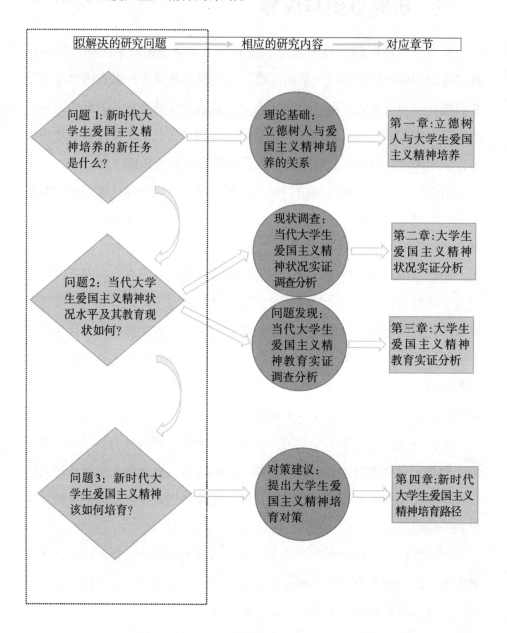

图0-1　本书的研究思路与框架

四、主要研究方法

本书主要采用了以下三种研究方法。

文献调查法：本书将广泛调研国内相关文献，全面收集与总结前人研究的成果，以期夯实研究的理论基础，尤其是在构建大学生爱国主义精神状况测评体系方面。在前人关于爱国主义精神内涵与状况调查的研究基础上，结合新时代党和国家对立德树人和爱国主义精神培养的新要求和新阐释，剖析爱国主义精神的内核，据此构建大学生爱国主义精神状况测评指标体系。

问卷调查法：本书将根据大学生爱国主义精神状况测评指标体系制定问卷，并根据学科、学历、年级、专业、性别等要素对 A 大学的大学生进行随机抽样，开展问卷调查。主要调查内容包括：①个人基本信息；②爱国主义精神状况测评；③爱国主义精神教育现状与评价。

深度访谈法：本书选取了 13 名经验丰富的思政教育和学生管理方面的骨干教师（含负责学生工作的学院党委副书记、学工办主任、资深辅导员等），对他们开展深度访谈调查，重点了解他们对爱国主义精神内涵与意义的认知、对当代大学生爱国主义精神状况的评价、对所在院系培养大学生爱国主义精神所采取的教育措施以及他们对当前大学生爱国主义精神教育中存在问题的看法和改善措施的建议。

五、相关研究综述

与本书相关的研究成果主要集中在以下三方面。

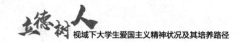

（一）立德树人理念相关研究

2012年11月8日，党的十八大报告首次提出"把立德树人作为教育的根本任务"①。之后，习近平总书记在多次重要讲话中强调立德树人是教育的根本任务。在2016年12月7日至8日召开的全国高校思想政治工作会议上，习近平发表重要讲话。在这次重要讲话中，习近平总书记将"立德树人作为教育的根本任务"进一步拓展和提升为"坚持把立德树人作为中心环节""高校立身之本在于立德树人"②。之后，在2018年9月10日全国教育大会上，习近平总书记明确了立德树人工作的要求和努力方向。 立德树人理念是习近平新时代中国特色社会主义思想的重要组成部分，是党在新时代新形势下人才培养的科学思想理论。

与之相呼应，关于立德树人理念的研究也呈现井喷式增长。根据CNKI数据库的数据统计，自2013年起，每年关于立德树人理念的研究论文都超过百篇，2018年更是达到了800余篇。总体来说，相关研究主要集中在以下两方面：一是立德树人理念的理论阐释，如立德树人的历史渊源与内涵③、立德树人的价值导向机制④、立德树人的落实机制⑤、立德树人的

---

① 中共中央文献研究室编《十八大以来重要文献选编》（上），中央文献出版社，2014，第27页。
② 《习近平在全国高校思想政治工作会议上强调：把思想政治工作贯穿教育教学全过程 开创我国高等教育事业发展新局面》，《人民日报》2016年12月9日第1版。
③ 任兆妮：《"立德树人"教育理念的发展脉络及其内涵研究》，《南方论刊》2019年第12期。
④ 唐汉卫：《立德树人的价值导向机制：基于办学理念的视角》，《思想理论教育》2020年第9期。
⑤ 袁振国、沈伟：《立德树人的落实机制：现状、挑战与对策》，《苏州大学学报（教育科学版）》2021年第1期。

哲学内涵与时代价值[①]、新时代立德树人理念的理论内涵[②]等；二是立德树人理念的实践探索，如立德树人理念融入高校思政工作[③]、融入大学课程教学[④]、融入中学课程教学[⑤]、融入小学课程教育[⑥]、融入德育教育[⑦]、融入美育教育[⑧]、融入体育教育[⑨]、融入劳动教育[⑩]等。

本课题是将立德树人理念融入爱国主义教育的一种探索。当然，近年来学术界也有相关研究，有的基于立德树人理念研究大学生爱国主义教育[⑪]，有的依据立德树人理念研究高中生爱国主义教育[⑫]，有的用立德树人的视域探讨具体课程教学该如何实施爱国主义教育[⑬]，等等。但是，这些研究大多没有进行广泛的实践调查。本课题将在这方面有所改进，即结合大学生爱国主义精神的实证调查，基于立德树人理念探索提升大学生爱国主义精神水平的路径。

---

① 布特、李佼慕、闵思成：《新时代立德树人体育教育新理念的哲学内涵与时代价值》，《北京体育大学学报》2022年第6期。

② 戴锐、曹红玲：《"立德树人"的理论内涵与实践方略》，《思想教育研究》2017年第6期。

③ 徐增鎏：《"立德树人"理念的思政教学创新策略》，《山西财经大学学报》2021年第2期。

④ 刘正光、钟玲俐、任远：《落实新〈指南〉，对接"立德树人"新需求——"新目标大学英语"〈综合教程〉修订的理念与特色》，《外语界》2021年第2期。

⑤ 杨秋实：《高中政治教学与立德树人理念的融合实践》，《才智》2018年第3期。

⑥ 杨扬：《论新时代"立德树人"理念在小学教育中的渗透》，《黑河教育》2018年第12期。

⑦ 王健敏：《具身德育——立德树人背景下德育新理念与新路径》，《中国特殊教育》2017年第5期。

⑧ 夏侯琳娜：《"立德树人"视域中的新时代高校美育理念建构》，《理论学刊》2020年第2期。

⑨ 喻坚：《"立德树人"教育理念下的体育教育专业人才培养新探》，《中国学校体育》2014年第4期。

⑩ 张胜男：《从马克思主义视角看劳动教育如何立德树人》，《人民论坛》2020年第1期。

⑪ 张文：《立德树人视域下的大学生爱国主义教育研究》，《知识文库》2021年第5期。

⑫ 李江鹏：《基于立德树人导向的高中生爱国主义教育》，《教育观察》2020年第47期。

⑬ 黄英：《立德树人视域下高职英语教学实施爱国主义教育探讨》，《广西教育》2021年第15期。

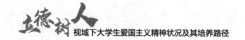
（二）大学生爱国主义精神状况研究

新中国成立以来，伴随着各级政府对爱国主义精神的弘扬，学术界对公民的爱国主义精神的探讨日益广泛。自20世纪80年代开始，来自思政领域和教育领域的学者开始广泛关注和探讨大学生爱国主义精神状况的课题，但此时研究者倾向于采用定性描述、个案剖析、案例研究等方法予以揭示和分析。进入21世纪，学术界引入问卷调查法等定量分析方法调查和研究大学生爱国主义精神状况。比较典型的有：广东培正学院的许婕随机调查了广东商学院、广东培正学院等广东省9所高校的900名大学生的爱国主义精神状况，认为大学生爱国主义教育的现状不容乐观[1]；2008年，北京师范大学的李志英面向北京大学、北京师范大学、中央财经大学等9所高校发放调查问卷，分析了当代大学生的爱国主义精神的突出特点：强烈爱国情怀、较为冷静和理性、关键时刻高度弘扬的爱国主义精神[2]。上述研究均未建立成体系的爱国主义精神测评框架。近年来，清华大学的研究者试图理清爱国主义的内涵框架。张瑜、王光海从爱国情感、爱国思想和爱国行为三个维度设计问卷，对全国19所高校1623名大学生实施问卷调查，分析了当代大学生爱国主义精神培育现状，指出了大学生爱国主义精神在新时期的突出特点——高度认同中华民族伟大复兴的中国梦、积极继承中华民族爱国主义优良传统、在全球化条件下弘扬爱国主义精神，并分析了当前大学生爱国观念中存在的问题：朴素的爱国情感多于理性的爱国认知、爱国思想与爱国行为之间存

---

① 许婕：《关于当前大学生爱国主义精神状况的调查》，《当代教育论坛（宏观教育研究）》2007年第9期。

② 李志英：《大学生爱国主义精神现状调查》，《当代青年研究》2010年第5期。

在一定的脱节，爱国主义和爱社会主义的统一性有待加强①。张磊基于清华大学"当代中国公民道德状况跟踪调查和突出问题治理对策研究"问卷调查的相关数据研究公民爱国主义认知问题，将公民爱国主义认知划分为爱国主义情感和本质两个维度②。此外，还有部分研究者对不同类型的大学生开展爱国主义精神研究。王晓军采取问卷和个别访谈方法研究"90后"高职学生的爱国主义精神培育状况，对陕西地区不同高职院校、不同年级多个专业2000多名学生进行了爱国主义精神培育状况的调查，认为当前大学生对爱国主义的理解仅停留在表面，存在说得多、做得少的问题③；杨红昌对西藏大学、西藏民族大学、西藏藏医学院、西藏大学农牧学院四所西藏高校进行问卷调查，共回收了967份有效问卷（其中藏族及其他少数民族学生占68.05%），据此分析了西藏高校大学生爱国主义教育取得的成效以及存在的问题④；陈鑫婕采用问卷调查法专门对彝族大学生群体的爱国主义精神状况进行了调查研究，回收了251份有效问卷，发现绝大多数学生具有良好的爱国认知和坚定的政治立场，但仍存在有些同学认知不够全面的问题。⑤这些研究将问卷调查法、访谈法等实证研究方法引入爱国主义精神的研究之中，其所初步构建的爱国主义精神测评框架，为本书的开展提供了借鉴，但是这些测评均未进一步细分成体系化的测评指标体系。

---

① 张瑜、王光海：《当代大学生爱国主义精神实证研究》，《社会主义核心价值观研究》2016年第1期。

② 张磊：《当代公民爱国主义认知的特征、问题与强化路径——基于"当代中国公民道德状况跟踪调查和突出问题治理对策研究"相关调查数据的分析》，《社会主义核心价值观研究》2020年第3期。

③ 王晓军：《"90后"高职学生爱国主义教育探索》，《中国青年研究》2010年第6期。

④ 杨红昌：《西藏高校大学生爱国主义教育现状及对策探析——基于西藏四所高校问卷调查的分析》，《西藏民族大学学报（哲学社会科学版）》2016年第2期。

⑤ 陈鑫婕：《新时代下开展对少数民族大学生爱国主义精神培育现状的调查思考》，《区域治理》2019年第45期。

（三）大学生爱国主义培养策略研究

关于这一问题的研究，归纳起来，主要有两类研究取向。一类是基于实践工作经验和个人观察思考提出策略。例如：于运国、张澍军认为对大学生进行爱国主义精神培养是一项系统工程，并具体阐释了爱国主义精神培养的目标、主线、原则和规律等[①]；覃坤朝认为要正确把握爱国的内涵，营造良好的爱国环境[②]；王蕊认为要充分重视思想政治理论课，并有效利用课外实践活动，积极整合社会资源[③]；杨显瑜提出要提高教职员工的自身文化素质和修养，强化班主任的榜样作用，开展多种形式的爱国主义教育[④]；等等。

另一类是基于大学生爱国主义精神实证研究中所发现的问题提出策略。如前文所述的，张瑜根据调研中发现的问题提出要加强大学生爱国主义教育中情感、思想、行为的统一教育，加强爱国主义与爱党、爱社会主义相统一的教育，加强经济全球化背景下的爱国主义教育。[⑤]王晓军也在实证的基础上，根据问题提出要提高认识，完善爱国主义教育机制；发挥课堂主渠道作用，把爱国主义教育融入日常教学之中；发挥学生的主观能动性，引导学生进行自我教育；以流行文化为载体，把爱国主义教育融入校园文化活动之中；发挥网络资源优势，拓展爱国主义教育新途径；与时代精神相结合，在社会实践中培养学生的爱国情感；结合国际国内重大事

---

① 于运国、张澍军：《试论当代大学生的爱国主义精神培养》，《思想教育研究》2014年第4期。

② 覃坤朝：《浅谈当前高校大学生爱国主义精神的培育与弘扬》，《亚太教育》2016年第32期。

③ 王蕊：《培育大学生爱国主义精神的着力点和途径》，《山西高等学校社会科学学报》2010年第12期。

④ 杨显瑜：《如何培养大学生的爱国主义精神》，《西部素质教育》2016年第22期。

⑤ 张瑜、王光海：《当代大学生爱国主义精神实证研究》，《社会主义核心价值观研究》2016年第1期。

件，适时开展爱国主义教育等策略建议。①刘延华在对青海四所高校学生爱国主义心理状况调查研究的基础上，提出要利用好课堂教学育人，推进学生的爱国主义教育；加大课外渗透育人，积极建立校内外爱国主义教育基地。②杨红昌立足新时期西藏高校爱国主义教育的特点与要求，提出四条改进对策：强化西藏高校大学生的公民意识教育，加强马克思主义"四观"和"四个认同"教育；积极引导宗教在维护社会稳定方面的作用，激发民族学生的爱国主义情怀；积极挖掘西藏爱国主义教育素材，促使西藏各族师生牢固树立"三个离不开"思想；发挥网络媒体第三课堂的作用，筑牢网上爱国主义教育阵地。③

（四）简要述评

综上所述，根据爱国主义精神状况实证研究的结果提出爱国主义精神状况培养的策略是当前爱国主义精神研究的主要趋势，大学生成为爱国主义精神调查以及教育研究的主要对象。但是，受限于各方面的因素，现有研究依然存在以下不足：①缺乏对爱国主义精神内涵的层次化阐释，进而未能建立科学合理的爱国主义精神测评指标体系用以指导问卷调查和访谈调查；②爱国主义精神的培养研究未能充分与立德树人的育人方针结合在一起，以至于相关研究难以深化，难以切实有效地提升大学生的爱国主义教育；③研究者所提出的爱国主义精神培育策略与实证研究结合不够紧密，以致未能充分体现当前教育中所存在的实际问题，也未能充分汲取当前爱国主义精神教育的有益经验。

---

① 王晓军：《"90后"高职学生爱国主义教育探索》，《中国青年研究》2010年第6期。
② 刘延华：《高职院校爱国主义教育现状分析与对策研究》，《前沿》2012年第24期。
③ 杨红昌：《西藏高校大学生爱国主义教育现状及对策探析——基于西藏四所高校问卷调查的分析》，《西藏民族大学学报（哲学社会科学版）》2016年第2期。

第一章
立德树人与
大学生爱国主义精神培育

一、立德树人教育思想的基本内涵

（一）"立德树人"思想的提出

国无德不兴，人无德不立。2012 年 11 月 8 日，中国共产党第十八次全国代表大会明确提出："教育是民族振兴和社会进步的基石。要坚持教育优先发展，全面贯彻党的教育方针，坚持教育为社会主义现代化建设服务、为人民服务，把立德树人作为教育的根本任务，培养德智体美全面发展的社会主义建设者和接班人。"[①]

教育兴则国家兴，教育强则国家强。重视立德树人教育是中国共产党的优良传统。

在毛泽东的教育观念中，德育工作与政治工作、思想工作具有一致性，因为"思想和政治又是统帅，是灵魂"[②]。1939 年，毛泽东在为延安"抗大"制定的教育方针中，将"坚定正确的政治方向"[③]确定为基本的方针之一。这充分体现了毛泽东在革命时期坚持立德树人的教育理念。在社

[①] 中共中央文献研究室编《十八大以来重要文献选编》（上），中央文献出版社，2014，第 27 页。

[②] 《毛泽东文集》第七卷，人民出版社，1999，第 351 页。

[③] 《毛泽东文集》第二卷，人民出版社，1993，第 188 页。

会主义建设时期，毛泽东提出："我们的教育方针，应该使受教育者在德育、智育、体育几方面都得到发展，成为有社会主义觉悟的有文化的劳动者。"①立德树人教育是对人的灵魂进行塑造，在人的成长过程中起着关键性作用。

中国特色社会主义事业的开拓者邓小平，对立德树人教育也持有高度重视的态度。在中国特色社会主义创建初期，邓小平就提出了以德育为首的教育理念。邓小平指出："我们的学校是为社会主义建设培养人才的地方，培养人才有没有质量标准呢？有的。这就是毛泽东同志说的，应该使受教育者在德育、智育、体育几方面都得到发展。"②同时，他还提出了"四有"的教育目标，即为中国特色社会主义事业培养有理想、有道德、有文化、有纪律的人才。

江泽民作为中国共产党的第三代中央领导集体的核心，将"立德树人"纳入了"以德治国"的战略体系中。江泽民在全国宣传部长会议上指出："对一个国家的治理来说，法治和德治，从来都是相辅相成、相互促进的。二者缺一不可，也不可偏废。法治属于政治建设、属于政治文明，德治属于思想建设、属于精神文明。二者范畴不同，但其地位和功能都是非常重要的。我们要把法制建设与道德建设紧密结合起来，把依法治国与以德治国紧密结合起来。""要建立与社会主义市场经济相适应、与社会主义法律规范相协调、与中华民族传统美德相承接的社会主义思想道德体系。"③为切实落实这一战略体系，他还提出了"四以"和"四个统一"的教育方法。所谓"四以"，就是"以科学的理论武装人，以正确的舆论引

---

① 《毛泽东文集》第七卷，人民出版社，1999，第226页。
② 《邓小平文选》第二卷，人民出版社，1994，第103页。
③ 《江泽民文选》第三卷，人民出版社，2006，第200、560页。

导人，以高尚的精神塑造人，以优秀的作品鼓舞人"①；而"四个统一"则是"坚持学习科学文化与加强思想修养的统一，坚持学习书本知识与投身社会实践的统一，坚持实现自身价值与服务祖国人民的统一，坚持树立远大理想与进行艰苦奋斗的统一"②。"四以"和"四个统一"的提出为我国教育事业进一步发展提供了指导。

教育应该是全面发展的教育，在全面发展的教育中，德育是居首要地位的。胡锦涛对新时期阶段的教育工作尤为重视。他认为，以人为本是德育工作应该坚持的基本理念，教育科学事业的发展必须坚持以人为本，以人为中心，突出人的发展，把教育和人的发展、人的幸福、人的自由、人的价值和人的尊严联系起来，使教育成为真正"成人"的教育。为此，他在教育方面提出了"一个核心、一个重点和一个目标"。他指出，深入进行素质教育的核心是"理想信念教育"，重点是"爱国主义"，目标是"大学生的全面发展"。在教育方法上，胡锦涛提出了"六个结合"的立德树人教育方法，即"坚持教书与育人相结合""坚持教育与自我教育相结合""坚持政治理论教育与社会实践相结合""坚持解放思想问题与解决实际问题相结合""坚持教育与管理相结合""坚持继承优良传统与改进创新相结合"③。

以上思想的提出表明中国共产党高度重视立德树人的优良传统，同时也为新时代中国特色社会主义教育工作提供了有益借鉴。

立德树人作为教育的永恒主题，习近平总书记在党的十八大之后在多个场合、多次提及"立德树人"的重要性。2016年12月7日至8日，在全

---

① 《江泽民文选》第三卷，人民出版社，2006，第85页。
② 《江泽民文选》第三卷，人民出版社，2006，第483页。
③ 中共中央文献研究室编《十六大以来重要文献选编》（中），中央文献出版社，2006，第179—180页。

国高校思想政治工作会议上，习近平总书记指出："高校立身之本在于立德树人。只有培养出一流人才的高校，才能够成为世界一流大学。""要坚持把立德树人作为中心环节，把思想政治工作贯穿教育教学全过程，实现全程育人、全方位育人，努力开创我国高等教育事业发展新局面。"①

为保证立德树人这项根本任务得到切实落实，2017年9月4日，中共中央办公厅、国务院办公厅印发《关于深化教育体制机制改革的意见》（以下简称《改革的意见》），该《改革的意见》的颁布是为了深化教育体制机制的改革，全面贯彻党的教育方针，坚持社会主义办学方向，全面落实立德树人这项根本任务。

2017年10月18日，习近平总书记在中国共产党第十九次全国代表大会上再次提出："建设教育强国是中华民族伟大复兴的基础工程，必须把教育事业放在优先位置，深化教育改革，加快教育现代化，办好人民满意的教育。要全面贯彻党的教育方针，落实立德树人根本任务，发展素质教育，推进教育公平，培养德智体美全面发展的社会主义建设者和接班人。"②

2018年5月2日，习近平总书记在同北京大学师生座谈会中对立德树人教育究竟该如何落实提出了具体要求。他指出："人无德不立，育人的根本在于立德。这是人才培养的辩证法。办学就要尊重这个规律，否则就办不好学。要把立德树人的成效作为检验学校一切工作的根本标准，真正做到以文化人、以德育人，不断提高学生思想水平、政治觉悟、道德品质、文化素养，做到明大德、守公德、严私德。"③

2019年6月23日，中共中央办公厅、国务院办公厅印发了《关于深化

① 《习近平在全国高校思想政治工作会议上强调：把思想政治工作贯穿教育教学全过程　开创我国高等教育事业发展新局面》，《人民日报》2016年12月9日第1版。

② 习近平：《决胜全面建成小康社会　夺取新时代中国特色社会主义伟大胜利——在中国共产党第十九次全国代表大会上的报告》，《人民日报》2017年10月28日第4版。

③ 习近平：《在北京大学师生座谈会上的讲话》，《人民日报》2018年5月3日第2版。

教育教学改革全面提高义务教育质量的意见》，对立德树人这项根本任务进行了详细的阐述并强调了它的重要性。

百年大计，教育为本。人才的培养要坚持育人和育才的相统一，两者相辅相成。2021年3月6日，习近平总书记在看望参加全国政协十三届四次会议的医药卫生界、教育界委员时指出："教育是国之大计、党之大计。要从党和国家事业发展全局的高度，坚守为党育人、为国育才，把立德树人融入思想道德教育、文化知识教育、社会实践教育各环节，贯穿基础教育、职业教育、高等教育各领域，体现到学科体系、教学体系、教材体系、管理体系建设各方面，培根铸魂、启智润心。"①

"才者，德之资也；德者，才之帅也。"才能是德行的凭借，德行是才能的统帅。针对这一观点，习近平总书记曾专门阐述过人才培养的辩证法。人无德不立，德是做人的根本原则。无论是在学习、生活方面，还是在工作方面，德行对大学生来说都是极为重要的。

立德树人作为中国特色社会主义教育的本质体现，落实"立德树人"这项根本任务对中国特色社会主义德育建设是极为重要的。落实这项根本任务的前提是要明确"立什么德、树什么人、如何立德树人"这三个问题。只有弄清楚、搞明白这三个问题，德才能"立"住，人才也才能随之"树"起来。

（二）立德树人的基本内涵

立德即树立德业。《左传》载：太上有立德，其次有立功，其次有立言，虽久不废，此之谓不朽。人生的最高境界就是树立德行，实现崇高的

---

① 《习近平在看望参加政协会议的医药卫生界教育界委员时强调：把保障人民健康放在优先发展的战略位置　着力构建优质均衡的基本公共教育服务体系》，《人民日报》2021年3月7日第1版。

道德理想；其次就是建功立业，为国家立下赫赫功勋；再次就是有知识有思想，为后代留下富有永恒精神价值的言论、著作等。"立德树人"思想的提出是对古代"立德、立功、立言"思想的传承和发扬。"立德"不仅是古代"三立"之首，更是新时代"树人"的前提。"立德树人"的提出更加明确地阐释了"成才先成人，为学先为人"这一宗旨。所以我们首先要明确"立什么德"。

1.立什么德

（1）立热爱祖国之德

2018年5月2日，习近平总书记在北京大学师生座谈会上的讲话中提道："爱国，是人世间最深层、最持久的情感，是一个人立德之源、立功之本。……我们常讲，做人要有气节、要有人格。气节也好，人格也好，爱国是第一位的。"①爱国主义是中华民族精神的核心，是实现中华民族伟大复兴的精神动力，体现着中华儿女的责任担当。习近平总书记在纪念五四运动100周年大会上的讲话中强调："新时代中国青年要热爱伟大祖国。孙中山先生说，做人最大的事情，'就是要知道怎么样爱国'。一个人不爱国，甚至欺骗祖国、背叛祖国，那在自己的国家、在世界上都是很丢脸的，也是没有立足之地的。对每一个中国人来说，爱国是本分，也是职责，是心之所系、情之所归。对新时代中国青年来说，热爱祖国是立身之本、成才之基。当代中国，爱国主义的本质就是坚持爱国和爱党、爱社会主义高度统一。"②立热爱祖国之德，牢记中华民族伟大复兴的历史使命，将小我融入祖国的大我，才能成为合格的中国特色社会主义建设者和接班人。

---

① 习近平：《在北京大学师生座谈会上的讲话》，《人民日报》2018年5月3日第2版。
② 习近平：《在纪念五四运动100周年大会上的讲话》，《人民日报》2019年5月1日第2版。

（2）立践行社会主义核心价值观之德

2021年4月19日，习近平总书记在清华大学考察时强调："要锤炼品德，自觉树立和践行社会主义核心价值观，自觉用中华优秀传统文化、革命文化、社会主义先进文化培根铸魂、启智润心，加强道德修养，明辨是非曲直，增强自我定力，矢志追求更有高度、更有境界、更有品位的人生。"[①]

社会主义核心价值观是兴国之魂，更是社会主义先进文化的精髓。它不仅是实现中华民族伟大复兴、建设社会主义现代化国家的重要支撑力量，还是社会主义核心价值体系的高度凝练和集中表达。针对培育和践行社会主义核心价值观，习近平总书记多次作出重要论述并提出明确要求。

2013年12月11日，中共中央办公厅印发了《关于培育和践行社会主义核心价值观的意见》（以下简称《意见》）。《意见》指出，富强、民主、文明、和谐、自由、平等、公正、法治、爱国、敬业、诚信、友善、是社会主义核心价值观的基本内容，为培育和践行社会主义核心价值观提供了基本遵循。

2017年10月18日，习近平总书记在中国共产党第十九次全国代表大会上的报告中指出："社会主义核心价值观是当代中国精神的集中体现，凝结着全体人民共同的价值追求。要以培养担当民族复兴大任的时代新人为着眼点，强化教育引导、实践养成、制度保障，发挥社会主义核心价值观对国民教育、精神文明创建、精神文化产品创作生产传播的引领作用，把社会主义核心价值观融入社会发展各方面，转化为人们的情感认同和行为习惯。坚持全民行动、干部带头，从家庭做起，从娃娃抓起。深入挖掘中华优秀传统文化蕴含的思想观念、人文精神、道德规范，结合时代要求

---

① 《习近平在清华大学考察时强调：坚持中国特色世界一流大学建设目标方向　为服务国家富强民族复兴人民幸福贡献力量》，《人民日报》2021年4月20日第1版。

继承创新，让中华文化展现出永久魅力和时代风采。"①

2022年10月16日，习近平总书记在中国共产党第二十次全国代表大会上的报告中指出："社会主义核心价值观是凝聚人心、汇聚民力的强大力量。弘扬以伟大建党精神为源头的中国共产党人精神谱系，用好红色资源，深入开展社会主义核心价值观宣传教育，深化爱国主义、集体主义、社会主义教育，着力培养担当民族复兴大任的时代新人。推动理想信念教育常态化制度化，持续抓好党史、新中国史、改革开放史、社会主义发展史宣传教育，引导人民知史爱党、知史爱国，不断坚定中国特色社会主义共同理想。用社会主义核心价值观铸魂育人，完善思想政治工作体系，推进大中小学思想政治教育一体化建设。坚持依法治国和以德治国相结合，把社会主义核心价值观融入法治建设、融入社会发展、融入日常生活。"②

社会主义核心价值观，是对中华优秀传统文化的继承与发扬，是在总结民族奋斗经验的基础上高度提炼出来的，习近平总书记曾用八个字对其地位进行评价——"凝神聚气、强基固本"。

那么，如何正确树立社会主义核心价值观呢？首先，要明确"什么是社会主义核心价值观"。党的十八大提出，倡导富强、民主、文明、和谐，倡导自由、平等、公正、法治，倡导爱国、敬业、诚信、友善。

社会主义核心价值观对公民的要求分别是"爱国、敬业、诚信、友善"。首先是"爱国"。爱国是一种坚定的民族精神，是一种振兴中华的责任感，更是人内心最深层的情感。实现中国梦就必须弘扬中国精神，这里的中国精神是以爱国主义为核心的民族精神和以改革创新为核心的时代

---

① 习近平：《决胜全面建成小康社会　夺取新时代中国特色社会主义伟大胜利——在中国共产党第十九次全国代表大会上的报告》，《人民日报》2017年10月28日第4版。
② 习近平：《高举中国特色社会主义伟大旗帜　为全面建设社会主义现代化国家而团结奋斗——在中国共产党第二十次全国代表大会上的报告》，人民出版社，2022，第44页。

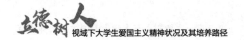

精神。中国之所以有着悠久的历史文明，之所以能够在黑暗的条件下找到曙光，是因为爱国主义精神在国民心中生根发芽，也正是这种爱国精神推动着中国特色社会主义事业不断前进。

其次是敬业。敬业是一种态度、一种精神，是实现人生价值的必要条件，更是实现中国梦的必要手段。要想树立敬业意识就要培养以下四个意识：第一，乐业意识。兴趣是做好一切事情的前提条件。爱因斯坦说过，兴趣是最好的老师。只有在感兴趣、想要做的前提下，才会用心做、努力做，才能够做得好。第二，进取意识。好的心态是成功的一部分，只有抱着积极进取的心态并以饱满的热情去做事，才能够做事有劲头。第三，承受意识。当代社会，一个人要承受着来自各个方面的压力，只有具有一定的抗压能力、承受意识、迎难而上的心态，才能够将工作做得尽善尽美。第四，大局意识。要服从组织安排，要牢记个人梦要服从国家梦，把实现个人梦融入国家梦之中。

再次是诚信。人无信不立，国无信不稳。周幽王因"烽火戏诸侯"失信于天下，最终付出惨痛代价；但季布一诺千金则成为千古流传的佳话。诚信是一个人道德的根基、基本的素养，更是一个人的立世之本。

最后是友善。孟子曾说："仁者爱人，有礼者敬人。爱人者，人恒爱之；敬人者，人恒敬之。"首先，要学会与人为善。要学会善待自己的亲朋好友，促进家庭的和谐发展。在当代独生子女普遍的社会，我们更要学会关心他人、帮助他人，与他人共享。其次，要学会与社会为善。要积极维护社会的秩序，构建良好的社会关系。最后，要学会与自然为善。金山银山不如绿水青山，要保护自然环境，促进人与自然和谐发展。

践行社会主义核心价值观，不仅是每一个公民的职责所在，更是实现国家强盛、民族复兴、社会发展的必要条件之一。社会主义核心价值观的践行对中国特色社会主义的建设具有深远的意义，也表现出中国人民坚定不移地走中国特色社会主义道路的决心和信心。

（3）立完善自我之德

立完善自我之德指的是传承中华民族优良传统美德，树立民族自信，紧跟时代步伐。

党的十八大以来，习近平总书记围绕弘扬中华传统美德作出了一系列重要论述。2015年6月1日，习近平总书记在北京人民大会堂会见中国少年先锋队第七次全国代表大会全体代表时指出："要学会做人的准则，就要学习和传承中华民族传统美德，学习和弘扬社会主义新风尚，热爱生活，懂得感恩，与人为善，明礼诚信，争当学习和实践社会主义核心价值观的小模范。"[①]

习近平在纪念五四运动100周年大会上指出："新时代中国青年要自觉树立和践行社会主义核心价值观，善于从中华民族传统美德中汲取道德滋养，从英雄人物和时代楷模的身上感受道德风范，从自身内省中提升道德修为，明大德、守公德、严私德，自觉抵制拜金主义、享乐主义、极端个人主义、历史虚无主义等错误思想，追求更有高度、更有境界、更有品位的人生，让清风正气、蓬勃朝气遍布全社会！"[②]2021年2月25日，习近平总书记在全国脱贫攻坚总结表彰大会上指出："我们推动全社会践行社会主义核心价值观，传承中华民族守望相助、和衷共济、扶贫济困的传统美德，引导社会各界关爱贫困群众、关心减贫事业、投身脱贫行动。"[③]

中华优秀传统文化的传承与弘扬，是推进社会主义文化强国建设的重要内容，更是实现中华民族伟大复兴的支撑力量。

---

① 《习近平寄语全国各族少年儿童：美好的生活属于你们　美丽的中国梦属于你们》，《人民日报》2015年6月2日第1版。

② 习近平：《在纪念五四运动100周年大会上的讲话》，《人民日报》2019年5月1日第2版。

③ 《习近平谈治国理政》第四卷，外文出版社，2022，第136页。

2.树什么人

教育对一个国家、一个民族的发展有着深远的意义，更关系着一个国家的兴亡沉浮。教育的根本是培养什么样的人。2021年3月6日，习近平总书记在看望参加全国政协十三届四次会议的医药卫生界、教育界委员时指出："要全面贯彻党的教育方针，坚持社会主义办学方向，坚持教育公益性原则，着力构建优质均衡的基本公共教育服务体系，建设高质量教育体系，办好人民满意的教育，培养德智体美劳全面发展的社会主义建设者和接班人。"①

（1）培养德智体美劳全面发展的人

2018年9月10日，习近平总书记在全国教育大会中针对学生应该如何培养提出了以下几点要求：

第一，要在坚定理想信念上下功夫，教育引导学生树立共产主义远大理想和中国特色社会主义共同理想，增强学生的中国特色社会主义道路自信、理论自信、制度自信、文化自信，立志肩负起民族复兴的时代重任。

第二，要在厚植爱国主义情怀上下功夫，让爱国主义精神在学生心中牢牢扎根，教育引导学生热爱和拥护中国共产党，立志听党话、跟党走，立志扎根人民、奉献国家。

第三，要在加强品德修养上下功夫，教育引导学生培育和践行社会主义核心价值观，踏踏实实修好品德，成为有大爱、大德、大情怀的人。

第四，要在增长知识见识上下功夫，教育引导学生珍惜学习时光，心无旁骛求知问学，增长见识，丰富学识，沿着求真理、悟道理、明事理的方向前进。

---

① 《习近平在看望参加政协会议的医药卫生界教育界委员时强调：把保障人民健康放在优先发展的战略位置　着力构建优质均衡的基本公共教育服务体系》,《人民日报》2021年3月7日第1版。

第五，要在培养奋斗精神上下功夫，教育引导学生树立高远志向，历练敢于担当、不懈奋斗的精神，具有勇于奋斗的精神状态、乐观向上的人生态度，做到刚健有为、自强不息。

第六，要在增强综合素质上下功夫，教育引导学生培养综合能力，培养创新思维。

第七，要树立健康第一的教育理念，开齐开足体育课，帮助学生在体育锻炼中享受乐趣、增强体质、健全人格、锤炼意志。

第八，要全面加强和改进学校美育，坚持以美育人、以文化人，提高学生审美和人文素养。

第九，要在学生中弘扬劳动精神，教育引导学生崇尚劳动、尊重劳动，懂得劳动最光荣、劳动最崇高、劳动最伟大、劳动最美丽的道理，长大后能够辛勤劳动、诚实劳动、创造性劳动。

只有德智体美劳全面发展的人才才能更好地把握大势、勇担重任，为新时代中国特色社会主义现代化建设添砖加瓦。

（2）培养社会主义的建设者和接班人

中国是由中国共产党领导的社会主义国家，这就决定了要把青少年培养成坚决拥护中国共产党领导、为中国特色社会主义奋斗终身的社会主义建设者和接班人。2019年3月18日，习近平总书记在学校思想政治理论课教师座谈会中明确强调："我们党立志于中华民族千秋伟业，必须培养一代又一代拥护中国共产党领导和我国社会主义制度、立志为中国特色社会主义事业奋斗终身的有用人才。"[1]将培养社会主义建设者和接班人作为我国长期的教育方针对我国的发展有着重要的现实意义。

---

[1] 《习近平主持召开学校思想政治理论课教师座谈会强调：用新时代中国特色社会主义思想铸魂育人　贯彻党的教育方针落实立德树人根本任务》，《人民日报》2019年3月19日第1版。

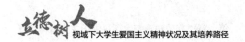

一个国家的意识形态关乎一个国家的前途命运。目前，在这个高度开放的新时代背景下，我们国家正面临着西方文化的巨大冲击。因此，我们要特别警惕西方国家对我国的文化渗透。青少年作为社会主义的建设者和接班人，他们的发展关系着国家的前途、民族的希望。在这样的情况下，我们必须要引导青少年树立正确的理想信念，坚定政治立场，牢记自己的责任与使命。

对于如何培养中国特色社会主义的建设者和接班人，首先是要明确高校的办学理念，坚持正确的政治办学方向；其次是完善教师团队，提高教师行业准入门槛，建设一支能力强、素质高的教师队伍；最后是针对学生制定高水平、个性化的人才培养体系。

人才培养是育人和育才相统一的过程。人无德不立，育人的根本在于立德。要把立德树人的成效作为检验学校一切工作的根本标准，真正做到以文化人、以德育人，不断提高学生思想水平、政治觉悟、道德品质、文化素养，做到明大德、守公德、严私德。要把立德树人内化到学校建设和管理各领域、各方面、各环节，做到以树人为核心，以立德为根本。

（三）新时代背景下的立德树人

在新时代中国特色社会主义的背景下，要完成立德树人这项根本任务需要注意以下几点。

1.注重理想信念的教育

坚定理想信念是立德树人的重要环节，是新时代育人工程的关键。2020年11月16日至17日，习近平总书记在中央全面依法治国工作会议上强调："要加强理想信念教育，深入开展社会主义核心价值观和社会主义法治理念教育，推进法治专门队伍革命化、正规化、专业化、职业化，确保做到忠于党、忠于国家、忠于人民、忠于法律。"

理想信念被称为中国共产党人精神上的"钙",缺钙就会导致"软骨病"。如果一个人失去了理想信念,就好像人的灵魂被抽空了,就好像黑暗中没有了灯光,就会迷失方向,进而失去前进的动力。

青年兴则国兴,青年强则国强。生逢盛世,青年当有为,青年要坚定理想信念。高校在开展爱国主义教育时应充分认识到,青年作为一个背负着让国家富强、民族复兴、人民幸福这一重大使命的群体,要向他们传递坚定理想信念的信号,引导他们将个人的理想与国家的富强、民族的复兴紧密相连,培养他们艰苦奋斗的精神,让他们在实现中华民族伟大复兴的中国梦的道路上更明确方向,更坚定内心。

2.注重师风师德的树立

2014年9月9日,习近平总书记在同北京师范大学师生代表座谈时强调:"好老师应该懂得,选择当老师就选择了责任,就要尽到教书育人、立德树人的责任,并把这种责任体现到平凡、普通、细微的教学管理之中。"[1]2021年3月6日,习近平总书记在看望参加全国政协十三届四次会议的医药卫生界、教育界委员时再次强调:"教师是教育工作的中坚力量。有高质量的教师,才会有高质量的教育。做好老师,就要执着于教书育人,有热爱教育的定力、淡泊名利的坚守,就要有理想信念、有道德情操、有扎实学识、有仁爱之心。广大思想政治理论课教师,政治要强、情怀要深、思维要新、视野要广、自律要严、人格要正。要把师德师风建设摆在首要位置,引导广大教师继承发扬老一辈教育工作者'捧着一颗心来,不带半根草去'的精神,以赤诚之心、奉献之心、仁爱之心投身教育事业。要加强中西部欠发达地区教师定向培养和精准培训,深入实施乡村教师支持计划。要在全党全社会大力弘扬尊师重教的社会风尚,推动形成

---

① 习近平:《做党和人民满意的好老师——同北京师范大学师生代表座谈时的讲话》,《人民日报》2014年9月10日第2版。

优秀人才竞相从教、广大教师尽展其才、好老师不断涌现的良好局面。"①

教师是立教之本、兴教之源，是学生的塑造者，是立德树人使命的主要担当。要想落实立德树人这项根本任务，教师要从三个方面修身立德。一是政治层面。教师要有坚定的理想信念，要有为中国特色社会主义建设贡献力量的责任意识；要有弘扬社会主义核心价值观的决心，要始终不忘初心、牢记使命，坚定不移听党话、跟党走。二是知识层面。教师既要授人以鱼，又要授人以渔，学生的知识水平和思想水平与老师息息相关。在当今互联网高速发展、信息更迭速度巨快的时代，教师不仅要具有渊博的知识储备，还要具有可以捕捉重要信息的敏锐眼光。三是生活方面。身为教师要有健康的生活习惯和高雅的道德情操。正所谓学高为师，身正为范，对学生来讲，老师就好比一面镜子，老师的一言一行在一定程度上影响着学生的选择。

3. 注重思想政治教育方式方法的创新

2016年12月7日至8日，习近平总书记在全国高校思想政治工作会议上的讲话中指出："要坚持把立德树人作为中心环节，把思想政治工作贯穿教育教学全过程，实现全程育人、全方位育人，努力开创我国高等教育事业发展新局面。"②习近平总书记多次强调："思政课是落实立德树人根本任务的关键课程。"③要想将思政课办好必须要创新教学模式，走出之前死板宣读的枯燥教学方式，学会利用当下流行的新媒体技术，如利用AI技术带领学生云游全国各处红色教育基地，亲身感受红色文化，提高学

---

① 《习近平在看望参加政协会议的医药卫生界教育界委员时强调：把保障人民健康放在优先发展的战略位置　着力构建优质均衡的基本公共教育服务体系》，《人民日报》2021年3月7日第1版。

② 《习近平在全国高校思想政治工作会议上强调：把思想政治工作贯穿教育教学全过程　开创我国高等教育事业发展新局面》，《人民日报》2016年12月9日第1版。

③ 习近平：《思政课是落实立德树人根本任务的关键课程》，《求是》2020年第17期。

生兴趣。要办好思政课还必须加强教师队伍的建设。学校要建立专门的思政课教师团队，提高思政课教师准入门槛，对团队教师进行多方面的考量，确保这是一支精良的教师团队。

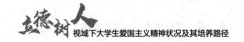
二、爱国主义精神的基本内涵

（一）爱国主义精神的发展变迁

爱国主义是中华民族崇高的美德，是中华民族生生不息的强大动力，更是中国共产党在黑暗中寻找光明的强大支撑力量。2014年9月3日，习近平总书记在纪念中国人民抗日战争暨世界反法西斯战争胜利69周年座谈会上的讲话中指出："古往今来，任何一个有作为的民族，都以自己的独特精神著称于世。爱国主义是中华民族民族精神的核心。"[①] 2020年9月3日，习近平总书记在纪念中国人民抗日战争暨世界反法西斯战争胜利75周年座谈会上的讲话中再次强调："爱国主义是我们民族精神的核心，是中国人民和中华民族同心同德、自强不息的精神纽带。面对国家和民族生死存亡，全体中华儿女同仇敌忾、众志成城，奏响了气吞山河的爱国主义壮歌。爱国主义是激励中国人民维护民族独立和民族尊严、在历史洪流中奋勇向前的强大精神动力，是驱动中华民族这艘航船乘风破浪、奋勇前行的强劲引擎，是引领中国人民和中华民族迸发排山倒海的历史伟力、战胜

---

① 习近平:《在纪念中国人民抗日战争暨世界反法西斯战争胜利69周年座谈会上的讲话》,《人民日报》2014年9月4日第2版。

前进道路上一切艰难险阻的壮丽旗帜！"①纵观中华民族的发展历程，爱国主义精神始终扎根在中华儿女的心中，使中华民族在历史的长河中闪耀着耀眼的光辉。

1.中国古代的爱国主义

在中国古代，"天下"一词就常被仁人志士提及，一些爱国人士将自己的使命感、责任感与"天下""国家"等联系在一起，使得"胸怀天下"等朴素情感成为这一时期爱国主义精神的主要内涵。

春秋战国时期，为争夺土地，各国战争频发，百姓民不聊生。在这种情况下，士大夫生出了强烈的忧患意识。这种忧患意识既是一种道德意识，也是一种责任意识。先秦时期，"百家争鸣"的出现促进了思想的进步，进而使一大批思想家形成胸怀天下、救国救民的使命感。秦汉以后，中国建立起了统一的中央集权国家，爱国主义也进入了一个崭新的历史发展阶段。从唐代诗人杜甫的"安得广厦千万间，大庇天下寒士俱欢颜！风雨不动安如山"，到南宋诗人陆游的"位卑未敢忘忧国"，范仲淹的"先天下之忧而忧，后天下之乐而乐"都体现了胸怀天下、为祖国前途担忧的爱国之情，也展现出了这个历史阶段的爱国主义的特征。

2.中国近代的爱国主义

随着时代的发展和社会的变迁，爱国主义精神的内涵也在不断丰富。从1840年鸦片战争到1949年新中国成立，这百余年间的历史是一部中国人民探索救国之路的探索史，也是一部近代中国人民的爱国主义奋斗史。无论是从虎门销烟到义和团运动，还是从辛亥革命到五四运动，反对外来侵略都是近代爱国主义的主旋律。从鸦片战争到八国联军侵华战争，外国侵略者对中国发动过多次侵略战争，尽管战争都是以中国的落败而告终，

---

① 习近平：《在纪念中国人民抗日战争暨世界反法西斯战争胜利75周年座谈会上的讲话》，《人民日报》2020年9月4日第2版。

但是在这些战争中涌现出了一大批的爱国志士，他们浴血奋战，表现出了惊人的不屈不挠的抗暴精神，这种精神是永远值得歌颂的。2019年4月30日，习近平总书记在纪念五四运动100周年大会上的讲话中指出："五四运动以全民族的力量高举起爱国主义的伟大旗帜。五四运动，孕育了以爱国、进步、民主、科学为主要内容的伟大五四精神，其核心是爱国主义精神。"[①]这些爱国志士用他们的爱国心、爱国情拯救处于水深火热中的中国。

中国人民抗日战争是近代中国历史上第一次全面的全民族的抗战，促成了伟大的民族觉醒，终结了列强百年侵华历史，开辟了世界反法西斯战争的东方主战场，为世界反法西斯战争的最后胜利作出了巨大贡献。2014年9月3日，习近平总书记在纪念中国人民抗日战争暨世界反法西斯战争胜利69周年座谈会上高度概括了抗战精神的内涵："在中国人民抗日战争的壮阔进程中，形成了伟大的抗战精神，中国人民向世界展示了天下兴亡、匹夫有责的爱国情怀，视死如归、宁死不屈的民族气节，不畏强暴、血战到底的英雄气概，百折不挠、坚忍不拔的必胜信念。伟大的抗战精神，是中国人民弥足珍贵的精神财富，永远是激励中国人民克服一切艰难险阻、为实现中华民族伟大复兴而奋斗的强大精神动力。"[②]可以说，中国人民抗日战争胜利是以爱国主义为核心的民族精神的伟大胜利。2020年9月3日，习近平总书记在纪念中国人民抗日战争暨世界反法西斯战争胜利75周年座谈会上的讲话中强调："中国人民在抗日战争的壮阔进程中孕育出伟大抗战精神，向世界展示了天下兴亡、匹夫有责的爱国情怀，视死如归、宁死不屈的民族气节，不畏强暴、血战到底的英雄气概，百折不挠、

---

① 习近平：《在纪念五四运动100周年大会上的讲话》，《人民日报》2019年5月1日第2版。

② 习近平：《在纪念中国人民抗日战争暨世界反法西斯战争胜利69周年座谈会上的讲话》，《人民日报》2014年9月4日第2版。

坚忍不拔的必胜信念。伟大抗战精神，是中国人民弥足珍贵的精神财富，永远是激励中国人民克服一切艰难险阻、为实现中华民族伟大复兴而奋斗的强大精神动力。"[①]透过一封封先烈们的红色家书，我们至今依然能够感受到那种以血肉之躯捍卫民族尊严的拳拳之心，吉鸿昌"夫今死矣！是为时代而牺牲"的壮怀，赵一曼"未惜头颅新故国，甘将热血沃中华。白山黑水除敌寇，笑看旌旗红似花"的无畏，谢晋元"在晋元未死之前，必向倭寇索取相当代价，余一枪一弹，亦必与敌周旋到底"的英勇，左权"我全军将士，都有一个决心，为了民族国家的利益"的情怀，戴安澜"为国战死，事极光荣。余决以一死，以报国家"的无畏，张自忠"为国家民族死之决心，海不清，石不烂，决不半点改变"的坚毅……是爱国情，让中华儿女同仇敌忾、众志成城；是爱国志，支撑英雄烈士毁家纾难、浴血奋战。气壮山河的爱国主义壮歌，至今仍回响不绝，激荡奋进力量。

3.中国现代的爱国主义

1949年10月1日，中华人民共和国成立，宣告了中国共产党领导中国人民当家做主的时代到来，开辟了中国历史的新纪元。随着社会主义制度的建立，爱国主义也有了更为丰富的内涵。

毛泽东说："爱国主义的具体内容，看在什么样的历史条件之下来决定。"[②]新中国成立后，毛泽东不断强调爱国主义精神不仅要体现在中华儿女与生俱来的命运感和自然感，更要表现在始终忠于祖国、忠于人民，加强与社会发展的紧密联系，加强建设祖国、发展祖国，实现国家独立民主富强、人民自信自强，为促进中华民族的发展而付诸努力！为此，毛泽东强调："我们还必须大力加强国防建设，巩固人民民主专政，巩固国

---

① 习近平：《在纪念中国人民抗日战争暨世界反法西斯战争胜利75周年座谈会上的讲话》，《人民日报》2020年9月4日第2版。

② 《毛泽东选集》第二卷，人民出版社，1991，第520页。

防，来保障祖国的建设。"①自此，我国开始加强建设现代化军队，并对全国军事院校进行规范调整以培养军事技能的专门人才。强军需先富国，正所谓经济基础决定上层建筑，贫穷落后不是社会主义，富强民主才是社会主义。从农业大国到社会主义工业大国，从新民主主义革命到社会主义革命，从半封建半殖民社会到建立社会主义国家，毛泽东爱国主义思想逐渐走向成熟，这也使得毛泽东爱国主义思想在国家独立与祖国富强中闪耀着熠熠光辉。

邓小平提出，弘扬爱国主义就要坚持建设中国特色社会主义，要"把马克思主义的普遍真理同我国的具体实际结合起来，走自己的道路，建设有中国特色的社会主义"②，并在此基础上说明将爱国主义和建设中国特色社会主义统一起来是历史的必然，是人民的要求。邓小平强调，爱国就要强国，"贫穷不是社会主义，发展太慢也不是社会主义"③。针对国内的经济发展形势，他提出了改革开放。改革开放的提出，使我国在短短的十几年内，国民经济得到明显好转，综合国力得到明显增强，人民生活有了大幅度的提高。邓小平还强调爱国就要坚持独立自主，他制定了一整套独立自主的和平外交方针和政策。他在中国共产党第十二次全国代表大会开幕词中指出："中国的事情要按照中国的情况来办，要依靠中国人自己的力量来办。独立自主，自力更生，无论过去、现在和将来，都是我们的立足点。"④维护国家主权和领土完整，是中华民族根本利益所在，是全体中华儿女的共同心愿，是中国共产党矢志不渝的历史任务。针对恢复对香港、澳门行使主权，解决大陆与台湾统一这一问题，邓小平提出了"一国

---

① 《毛泽东文集》第六卷，人民出版社，1999，第223页。
② 《邓小平文选》第三卷，人民出版社，1993，第3页。
③ 《邓小平文选》第三卷，人民出版社，1993，第255页。
④ 《邓小平文选》第三卷，人民出版社，1993，第3页。

两制"的新构想。这一构想的提出为拓宽新时期爱国统一战线提供了科学的思想理论依据。在香港治理问题上，邓小平高度重视爱国主义的作用。邓小平指出："参与者的条件只有一个，就是爱国者，也就是爱祖国、爱香港的人。"①邓小平的爱国主义思想作为邓小平理论的重要组成部分，是凝聚和激励全国人民团结奋斗的伟大旗帜。作为一位伟大的无产阶级政治家、杰出的爱国者，他创立了社会主义与爱国主义相统一的科学理论——邓小平理论，为中国走向更加繁荣富强指明了正确的道路。

江泽民提出要将以爱国主义为核心的民族精神与社会发展紧密结合在一起，充分发挥民族精神的积极作用。1991年7月1日，在庆祝中国共产党成立七十周年大会上，他指出："要坚持进行爱国主义、集体主义、社会主义思想和共产主义理想的教育，进行近代史、现代史教育和国情教育，增强民族自尊、自信、自强的精神，巩固和发展人民内部平等、团结、友爱、互助的社会主义新型关系，移风易俗，使社会主义思想道德蔚然成风。"②江泽民还提出："在五千多年的发展中，中华民族形成了以爱国主义为核心的团结统一、爱好和平、勤劳勇敢、自强不息的伟大民族精神。我们党领导人民在长期实践中不断结合时代和社会的发展要求，丰富着这个民族精神。面对世界范围各种思想文化的相互激荡，必须把弘扬和培育民族精神作为文化建设极为重要的任务，纳入国民教育全过程，纳入精神文明建设全过程，使全体人民始终保持昂扬向上的精神状态。"③

胡锦涛强调实现中华民族的复兴必须要弘扬爱国主义。2011年10月9日，胡锦涛在纪念辛亥革命100周年大会上强调："实现中华民族伟

---

① 《邓小平文选》第三卷，人民出版社，1993，第74页。

② 中共中央文献研究室编《十三大以来重要文献选编》（下），中央文献出版社，2011，第180—181页。

③ 《江泽民文选》第三卷，人民出版社，2006，第559—560页。

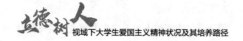
大复兴，必须坚定不移高举爱国主义伟大旗帜。辛亥革命一百年来的历史表明，爱国主义是中华民族精神的核心，是动员和凝聚全民族为振兴中华而奋斗的强大精神力量。热爱祖国是中华民族的光荣传统。创造中国人民的幸福生活，使中华民族巍然屹立于世界民族之林，是全体中华儿女的共同目标。实现中华民族伟大复兴，离不开全体中华儿女的团结奋斗，也是全体中华儿女义不容辞的职责。"[1]同时他还指出："在实现中华民族伟大复兴的征程上，我们一定要大力弘扬爱国主义精神，巩固和加强全国各族人民的大团结，巩固和加强海内外中华儿女的大团结，巩固和壮大最广泛的爱国统一战线，促进政党关系、民族关系、宗教关系、阶层关系、海内外同胞关系的和谐，广泛凝聚中华民族一切智慧和力量，团结一切可以团结的力量，万众一心为实现中华民族伟大复兴而奋斗。"[2]

（二）新时代爱国主义精神的内涵

党的十八大以来，习近平总书记反复强调弘扬爱国主义精神和实施爱国主义教育的重要性，极大地丰富了爱国主义精神的内涵。2013年3月17日，习近平在第十二届全国人民代表大会第一次会议上的讲话强调："实现中国梦必须弘扬中国精神。这就是以爱国主义为核心的民族精神，以改革创新为核心的时代精神。这种精神是凝心聚力的兴国之魂、强国之魂。爱国主义始终是把中华民族坚强团结在一起的精神力量，改革创新始终是鞭策我们在改革开放中与时俱进的精神力量。全国各族人民一定要弘扬伟大的民族精神和时代精神，不断增强团结一心的精神纽

---

① 《胡锦涛文选》第三卷，人民出版社，2016，第560页。

② 《胡锦涛文选》第三卷，人民出版社，2016，第560页。

带、自强不息的精神动力，永远朝气蓬勃迈向未来。"①此外，中国特色社会主义进入新时代以来，以习近平同志为核心的党中央针对爱国主义教育作出了一系列重要部署。2019年，中共中央、国务院印发的《新时代爱国主义教育实施纲要》指出："当前，中国特色社会主义进入新时代，中华民族伟大复兴正处于关键时期。新时代加强爱国主义教育，对于振奋民族精神、凝聚全民族力量，决胜全面建成小康社会，夺取新时代中国特色社会主义伟大胜利，实现中华民族伟大复兴的中国梦，具有重大而深远的意义。"②

步入新时代，爱国主义精神对实现中华民族伟大复兴的中国梦，具有重大而深远的意义。

1. 新时代爱国主义精神的主题——实现中华民族伟大复兴的中国梦

习近平总书记指出："实现中华民族伟大复兴是近代以来中华民族最伟大的梦想。中国共产党一经成立，就把实现共产主义作为党的最高理想和最终目标，义无反顾肩负起实现中华民族伟大复兴的历史使命，团结带领人民进行了艰苦卓绝的斗争，谱写了气吞山河的壮丽史诗。"③新时代爱国主义精神要坚持把实现中华民族伟大复兴的中国梦作为鲜明主题。因为伟大事业需要伟大精神，伟大精神铸就伟大梦想。

中国梦的本质就是国家富强、民族复兴、人民幸福。纵观历史，我们这个时代比任何时期都更接近中国梦的实现，我们也更有信心和能力去实

---

① 《习近平在第十二届全国人民代表大会第一次会议上的讲话》，《人民日报》2013年3月18日第1版。

② 中共中央、国务院：《新时代爱国主义教育实施纲要》，《人民日报》2019年11月13日第6版。

③ 习近平：《决胜全面建成小康社会　夺取新时代中国特色社会主义伟大胜利——中国共产党第十九次全国代表大会上的报告》，《人民日报》2017年10月28日第2版。

现中华民族伟大复兴的梦想。实现梦想的道路不会总是一帆风顺的，是布满荆棘的。以国际的视角来看，世界正处于百年未有之大变局；转观国内，我国的全面深化改革也处于关键时期。在这样的时代大背景下，我们需要寻找一种强大的精神力量去支撑我们实现中华民族伟大复兴的中国梦，这种精神就是爱国主义精神。正如习近平总书记在中共中央政治局第二十九次集体学习时所强调的："实现中华民族伟大复兴的中国梦，是当代中国爱国主义的鲜明主题。要大力弘扬伟大爱国主义精神，大力弘扬以改革创新为核心的时代精神，为实现中华民族伟大复兴的中国梦提供共同精神支柱和强大精神动力。"[①]

中国梦，是中国人民奋力追求的梦，它包含了国家追求、民族向往、人民期盼。要想实现中国梦就必须弘扬以爱国主义为核心的民族精神和以改革创新为核心的时代精神，这样才可以使追梦的路不再坎坷，让中国梦不再是梦。

2.新时代爱国主义精神的本质——爱国和爱党、爱社会主义高度统一

习近平总书记在主持中共中央政治局第二十九次集体学习时指出："祖国的命运和党的命运、社会主义的命运是密不可分的。只有坚持爱国和爱党、爱社会主义相统一，爱国主义才是鲜活的、真实的，这是当代中国爱国主义精神最重要的体现。今天我们讲爱国主义，这个道理要经常讲、反复讲。"[②]邓小平也讲道："在中国这样的大国，要把几亿人口的思想和力量统一起来建设社会主义，没有一个由具有高度觉悟性、纪

---

① 《习近平在中共中央政治局第二十九次集体学习时强调：大力弘扬伟大爱国主义精神 为实现中国梦提供精神支柱》，《人民日报》2015年12月31日第1版。

② 《习近平在中共中央政治局第二十九次集体学习时强调：大力弘扬伟大爱国主义精神 为实现中国梦提供精神支柱》，《人民日报》2015年12月31日第1版。

律性和自我牺牲精神的党员组成的能够真正代表和团结人民群众的党，没有这样一个党的统一领导，是不可能设想的，那就只会四分五裂，一事无成。这是全国各族人民在长期的奋斗实践中深刻认识到的真理。"[①]

新时代弘扬爱国主义精神，必须坚持爱国和爱党、爱社会主义高度统一。在当代中国，弘扬爱国主义就必须坚决拥护中国共产党领导，坚持中国特色社会主义制度不动摇，坚定不移地走中国特色社会主义道路，坚持独立自主的外交政策，坚定建设社会主义现代化国家和实现中华民族伟大复兴的决心。新中国成立以来，我国的爱国主义始终是围绕着实现国家富强、民族复兴、人民幸福而发展的，国家的命运和党的命运、社会主义的命运是密不可分的。只有坚持爱国和爱党、爱社会主义相统一，爱国主义才会是鲜活的、真实的。

作为新时代的中国青年要时刻做到心中有党，坚持听党话、跟党走，坚定不移地为实现中华民族伟大复兴的中国梦不懈奋斗。

---

① 《邓小平文选》第二卷，人民出版社，1994，第341—342页。

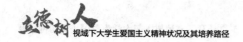

三、新时代大学生爱国主义精神培育的意义

中华民族是一个拥有五千多年历史文明的民族，它之所以能够经受住那些难以想象的困难，在那些风雨飘摇的时代依旧能存活下来并始终保持旺盛的生命力，这一切都离不开爱国主义精神。培育爱国主义精神是社会主义精神文明建设主旋律中最重要的组成部分，也是我国高等学校培养一代又一代拥护中国共产党领导和社会主义制度、立志为中国特色社会主义奋斗终身的全方位发展的人才的根本要求。

国家的发展，民族的复兴，人民的幸福，需要全国人民的艰苦奋斗。大学生作为祖国的未来、中国发展的中坚力量，加强爱国主义教育有利于社会主义事业的发展。习近平总书记在十八届中共中央政治局常委同中外记者见面时强调："我们的责任，就是要团结带领全党全国各族人民，接过历史的接力棒，继续为实现中华民族伟大复兴而努力奋斗，使中华民族更加坚强有力地自立于世界民族之林，为人类作出新的更大的贡献。"①当前，我们国家正处于奋进第二个百年奋斗目标新征程上，对高质量、全方位人才的需求越来越迫切。大学生作为中国特色社会主义事业的建设者和

---

① 《习近平在十八届中共中央政治局常委同中外记者见面时强调：人民对美好生活的向往　就是我们的奋斗目标》，《人民日报》2012年11月16日第4版。

接班人，大学生的发展关系到国家的发展、民族的振兴。因此，大学生的爱国主义精神培养是重中之重的。

爱国主义可以推动大学生成才。大学生在爱国主义教育中可以深刻地了解我们国家悠久的历史文化以及在发展史中有突出贡献的人物的故事，在文化和故事中树立民族自尊心，学习中华民族传统精神，将爱国情转变成报国心，为了报国认真学习专业知识，开拓自己的眼界，提高自身能力。

培养大学生爱国主义是当今社会的客观要求。青年兴则国兴，青年强则国强，大学生肩负着实现中华民族伟大复兴的历史重任，肩负着为中国人民谋幸福、为中华民族谋复兴的责任。因此大学生只有不断增强中华民族爱国主义精神和历史赋予的责任感，才可以完成现代化建设、构建和谐稳定的社会，为中国的进步与发展作出贡献。

爱国主义精神的培养可以促进大学生成人成才。对当代大学生来说，爱国主义是修身治本的方向，是成长成才的强大动力。对国家的热爱，关系到我们大学生以什么样的文化条件和精神面貌进入社会。爱国主义精神的培养既是我国精神文明建设的主旋律的有机组成部分，也是我们塑造培育有理想、有道德、有文化、有纪律的社会主义新人的基本要求。作为中华民族经久不息、薪火相传的优秀传统，爱国主义精神是培育大学生成长成才的重要保障。爱国主义精神的培养有助于大学生树立正确的人生观和价值观，从而抵制落后、腐朽思想的侵蚀，有助于提高他们的政治素养和爱国觉悟，有助于他们树立崇高志向、远大理想，从而成为国之栋梁。大学生的强烈爱国热情，能充分发挥他们的主动性和创造性，自觉自愿地投入到祖国的建设和发展中来，进一步鼓舞他们为国家富强、民族振兴而不懈奋斗，同时也能使他们实现自我发展，进而成人成才。

爱国主义精神的培养是实现国家富强和民族振兴的客观要求。纵观泱泱中华五千多年的辉煌历史，饱经风雨、历经磨难依然岿然屹立、生生不息。正是宝贵的爱国主义精神使各个时代的仁人志士胸怀祖国，心系民忧，激励着千千万万的中华儿女为实现国家富强和民族振兴流汗流血、前赴后继、光荣奉献、至死不悔。在不断推进我国社会主义现代化建设、深入改革开放，进而实现第二个百年奋斗目标的新时代，大学生的爱国精神的培养显得尤为重要，唯有如此，才能振兴中华民族，完成现代化建设和祖国统一，为世界的和平与稳定、进步与发展作出新的贡献。青年兴则国兴，青年强则国强。大学生肩负着祖国和民族的重托，要在不断提高自身素质的同时，积极把握时代发展的步伐，从祖国的历史和现实中找准前进的方向，不断增强振兴中华民族的爱国情感和历史赋予的神圣使命感和责任感，积极树立强烈的民族自尊心、自豪感和自信心。当代大学生爱国热情的本质是个体心理需要和发展需要与国家利益之间相互作用而产生的一种情感体验，它既有对历史文化的认知，又有对现在国家繁荣昌盛的使命，所以对大学生进行爱国主义精神培养有助于大学生能够更好地把爱国情感、爱国之志自觉践行为报国之行、爱国之为。

爱国主义精神的培养有利于继承和弘扬优秀的民族精神和传统文化。作为四大文明古国之一，我们是唯一一个在世界文明发展进程中自始至终没有中断的国家。因此，我国既具有悠久辉煌的历史，又具有丰富多彩、灿若星河的文化。爱国主义传统已经深深地融入了中华民族的民族意识、民族性格和民族气概之中，成为全国各民族人民弥足珍贵的精神财富。爱国主义是中华民族生生不息、薪火相传、不断发展壮大的精神动力，是民族文化的精华。爱国主义作为一个历史范畴，与一个国家、一个民族生存发展的基本前景相联系，与特定历史时期广大人民的现实追求相对应，在社会发展的不同阶段、不同时期有着不同的内容。我国地域辽阔，民族众多，从秦朝开始我国就是大一统的多民族国家，至今一直未变。大学生作为社会主义现代化建设事业的新生力量，在新的历史时期，他们的爱国热情，是继承和弘扬伟大的民族精神和优秀传统文化的重要力量，是实现民族复兴的根本保证。他们的爱国热情，能够激发他们更深入地了解我国灿烂而充满魅力的悠久历史和厚重的民族文化，这样才能不断增强民族自尊心、自豪感和荣誉感，继而发扬我国优秀的传统文化和民族精神。

爱国主义精神的培养对构建社会主义和谐发展具有重要意义。中国历史上发生过多次外族入侵，而在中华民族面临存亡威胁的重要关头，伟大的爱国主义精神推动着中国人民创造了英勇豪迈的爱国业绩，让祖国实现统一。爱国主义是我国构建和谐社会进而实现中华民族伟大复兴重要的精神支柱和思想基础。是否具有爱国思想会对国家的"两个文明"建设有直接影响，同时中华民族的前途和命运也受其影响。爱国的大学生能够使他们所依赖的学校、社会和家庭三大外部环境形成合力。大学生是和谐社会建设中和谐理念的积极宣传者。青年大学生处在时代的前沿，具有敏感的时代嗅觉、强大的融合力和接受能力，能正确理解和谐社会的理念。青年大学生的爱国热情，使青年大学生在构建社会主义和谐社会中发挥应有的巨大作用。

第二章
大学生爱国
主义精神状况实证分析

爱国主义是中华民族精神的核心，是中国人民和中华民族的强大精神动力。2018年5月2日，习近平总书记在北京大学师生座谈会上指出："爱国，是人世间最深层、最持久的情感，是一个人立德之源、立功之本。"[①]2019年4月30日，习近平总书记在纪念五四运动100周年大会上的讲话中再一次强调："对新时代中国青年来说，热爱祖国是立身之本、成才之基。"[②]由此可见，爱国是新时代大学生的必备素质，培养大学生爱国主义精神成为新时代高校人才培养的重要使命，也是高校落实立德树人根本任务的必然要求。那么，新时代大学生爱国主义精神状况是怎样的？其所存在的主要问题是什么？这些问题又该如何解决？为此，本次调研以A大学为例，在构建科学合理的大学生爱国主义精神状况测评体系的基础上，采用问卷调查法和访谈法，开展实证调查研究，以期反映当今大学生爱国主义精神状况的基本面貌、主要特点、存在问题和发展趋势。

在我国，爱国主义教育开展由来已久，已经逐渐成为各阶段教育培养、工作建设中不可或缺的内容之一。为进一步贯彻党中央关于爱国主义教育的工作安排，帮助各类组织机构切实做好爱国主义教育工作，使教育形式新颖多样、教育内容深入人心，很多学术研究项目都针对这一内容展开了研究。

为充分了解已有研究对相关问题的研究思路与指标设置，完善本次研究的指标体系，同时更好地对有关问题展开调查，保证研究的科学性和合理性，研究小组收集整理了已有的相关研究，并按照不同研究的研究目标、研究对象、观点、作者和年份等，整理出如下表格：

---

① 习近平：《在北京大学师生座谈会上的讲话》，《人民日报》2018年5月3日第2版。
② 习近平：《在纪念五四运动100周年大会上的讲话》，《人民日报》2019年5月1日第2版。

表2-1　相关文献概述

文献名称	研究目标	研究对象	主要观点	作者	年份
《关于当前大学生爱国主义精神状况的调查》	更好地掌握大学生爱国主义精神的现状	大学生	1.关心国家大事，尤其关注祖国、民族前途命运 2.绝大多数大学生具有高涨的爱国热情，但少数大学生社会责任感不强 3.大学生爱国主义教育的现状不容乐观	许婕	2007
《大学生爱国主义精神现状调查》	大学生爱国主义精神状况及其特点	大学生	1.当代大学生的爱国主义精神表现在对祖国深沉的爱、对中国特色社会主义祖国的热爱、作为一名中国人的自豪感、为祖国利益献身的精神 2.大学生对祖国的爱是基于改革受益的强烈爱国情怀 3.普遍较高的文化水平导致大学生对待爱国问题较为冷静和理性	李志英	2010
《当代大学生爱国主义精神实证研究》	从爱国情感、爱国思想和爱国行为三个层面分析了当代大学生爱国主义精神现状	大学生	1.当前大学生普遍具有浓厚的爱国情感，对祖国有着发自内心的情感认同 2.西方政治思潮对我国当代大学生思想的冲击较大，影响程度较深 3.部分大学生的爱国行为和爱国情感不能总是保持一致 4.大学生爱国主义精神存在的三点问题 5.加强新时期大学生爱国主义教育	张瑜、王光海	2016
《当代公民爱国主义认知的特征、问题与强化路径——基于"当代中国公民道德状况跟踪调查和突出问题治理对策研究"相关调查数据的分析》	从爱国主义情感和本质两个维度对当代公民爱国主义认知状况进行分析	公民	1.积极的爱国主义认知在公民道德认知中占据主流地位 2.公民对爱国主义的认知以及爱国主义情感与公民的受教育程度、年龄、政治面貌息息相关 3.公民的爱国主义朴素情感强于对爱国主义的本质认识 4.公民爱国主义认知存在群体分化现象 5.公民爱国主义认知和行为存在一定脱节 6.强化公民的爱国主义教育需要科学理解当代爱国主义的内涵，加强重点人群的爱国主义教育，重视知行合一的爱国主义自我教育	张磊	2020

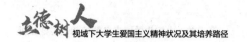

在许婕的调查研究中，对于"民族忧患意识""艰苦奋斗精神""社会责任感""理想信念""爱国奉献""立志报国"等选项，大学生表现一般。选择"一般""较弱"或"很弱"的大学生比例分别是47.65%、56.4%、48%、40.6%、55.2%、55.8%，表现出一些大学生的社会责任感不够强，奉献精神、忧患意识等不够。在研究过程中，她还发现大学生的爱国主义教育状况也不容乐观，对于有损国家尊严的事情，45.3%的大学生选择了"听之任之"或者"其他"，仅有一半以上的学生会站在维护国家利益的立场上；此外，还有近乎60%的学生认为多元化思想文化对爱国主义教育的影响不明显甚至微乎其微；当被问及"您对爱国主义教育现状是否满意"时，超过九成的大学生表示"不满意"或"说不清"，可见大学生的爱国主义精神状况已经开始面临新的挑战和困难，并且高校的爱国主义思政工作已经无法满足学生的爱国主义教育需求，不满意度及不清晰度比较高。但该研究文章在爱国主义教育方面并没有进行进一步的分析，仅从"渠道"和"受众"方面开展了片面的调查研究，并没有在高校爱国主义教育中下更多的手笔。校园作为学生接受教育最重要的场所，爱国主义教育更是离不开高校的管理和建设，离开高校谈教育更是纸上谈兵，很难发挥实际作用。因此，本文调研将着重从高校的爱国主义教育方面入手，进一步研究爱国主义教育在高校开展中出现的问题，以及因此而产生的解决方案，并且在"渠道"这一方面进行开拓式提问，加入更多的新时代教育元素，帮助我们更好地了解调研内容。

在李志英的《大学生爱国主义精神现状调查》一文中，作者着重对大学生的爱国主义精神现状进行了调查和研究。与《关于当前大学生爱国主义精神状况的调查》不同的是，李志英的调查内容中，超过40%的没有太多阅历的年轻人在可能发生惨烈战争时愿意为祖国献身，并不像文献《关于当前大学生爱国主义精神状况的调查》中拥有同样超过40%的学生不会主动选择维护国家的利益，两者的研究在结果上有较大的差别。并且，在李志英的调查中，学生对于种种涉及国家安全、民族自尊心的复杂问题，他们能够在理性分析的基础上采取客观、正确的态度。对于当时流行的"哈韩""哈日"等问题，他们都是能够冷静理性，能够心平气和地看待。联系两篇文献内容，发现李志英的文献调查的大学生文化水平普遍高于许婕的文献中的调查对象，因此，我们决定将调查样本进行具体地分类，但是由于我们的调查范围较小，并未扩散至其他院校，于是我们根据李志英的《大学生爱国主义精神现状调查》和张磊的《当代公民爱国主义认知的特征、问题与强化路径——基于"当代中国公民道德状况跟踪调查和突出问题治理对策研究"相关调查数据的分析》，将调查样本分为性别、就读年级、政治面貌、学科类别以及家庭政治面貌五大类，以此进行研究。

在张瑜、王光海的《当代大学生爱国主义精神实证研究》中，他将爱国主义分成了爱国情感、爱国思想和爱国行为三个层面，我们也以此为借鉴将爱国主义精神指标体系分成了三部分，分别为爱国意识、爱国认知和爱国行为，希望能以此更好地了解新时代中国大学生爱国主义精神状况。但在张瑜、王光海的文献中，在"爱国行为"这一层面用了"大学生对王渊事件的态度"的案例来进行调查分析，调查组认为学成回归祖国只是"爱国行为"的某一方面，就此判断大学生的爱国行为表现略显片面，无法全面展现大学生爱国行为的具体轮廓，因此我们将爱国行为分成了"参加爱国活动""制止不爱国行动""弘扬爱国"和"宣传爱国"，由此更好、更全面地展示"爱国行为"的调研结果，从而对大学生的爱国主义精神进行更细致地分析。

在张磊的《当代公民爱国主义认知的特征、问题与强化路径——基于"当代中国公民道德状况跟踪调查和突出问题治理对策研究"相关调查数

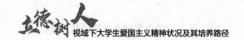
据的分析》以及张瑜、王光海的《当代大学生爱国主义精神实证研究》文献中，都将"对'国家兴亡，匹夫有责'的认知"作为反映个人爱国主义认知的表现形式，并且在许婕的文献中，在"对于大学生的爱国主义，你最想说的一句话"中，出现频率最高的也是"天下兴亡，匹夫有责"。这说明这句格言现如今仍然拥有它的精神价值，能够充分体现大学生强烈的民族自尊心、自信心和自豪感。因此，我们也将该问题放在问卷中来调查大学生的爱国主义观念是否强烈。

综上所述，当前爱国主义精神状况的调查与研究主要围绕大学生进行，并已有少量研究试图将爱国主义层次化，以准确测量大学生的爱国主义精神状况，但是尚缺乏成熟的大学生爱国主义精神状况测评体系。

一、大学生爱国主义精神状况测评体系构建

当缺乏成熟的测评体系时，相关学者建议：首先利用深度访谈或焦点小组的方式来收集定性数据，在此基础上确定需要深入探讨的问题，并设计基于大样本的问卷调查方案。为此，本书在前人研究的基础上，采取了一系列方法来搜集相关调查数据。首先，基于立意抽样原则在A大学访谈了10位大学生以及13位学生工作管理者（含分管学生工作的党委副书记、学工办主任、资深辅导员等）。根据访谈结果，本文将大学生爱国主义精神分为三个维度：爱国意识、爱国认知和爱国行为。其中，爱国意识维度包括爱国主义观念、爱国主义情感等指标；爱国认知包括爱国对国家的作用、爱国对个人的作用、对爱国主义内涵的理解等指标；爱国行为包括参加爱国主义活动、弘扬爱国主义精神、向他人宣传爱国主义以及对不爱国言行采取行动等指标。其次，根据对应指标，采用李克特五分量表的形式设计问题，构建了大学生爱国主义精神状况测评体系，并据此设计了大学生爱国主义精神测评量表。最后，本书通过网络问卷调查法对初步形成的量表进行预测试，并通过方便抽样（随意、抽样）原则获得20名大学生的预测试结果，根据结果对问卷做了适当调整与修改。

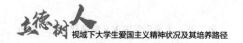

表2-2　大学生爱国主义精神状况测评体系

维度	指标	问题陈述
爱国意识	爱国主义观念	我赞同"国家兴亡，匹夫有责"
	爱国主义情感	我具备爱国主义情感
爱国认知	爱国对国家的作用	我觉得爱国主义精神对国家发展重要
	爱国对个人的作用	我觉得爱国主义精神对个人发展重要
	对爱国主义内涵的理解	我了解新时代爱国主义精神内涵
爱国行为	参加爱国主义活动	我愿意参加爱国主义活动
	弘扬爱国主义精神	我愿意在日常实践中弘扬爱国主义精神
	向他人宣传爱国主义	我愿意主动向他人宣传爱国主义
	对不爱国言行采取行动	我愿意对不爱国言行采取行动（如驳斥、制止等）

备注：答案采用"非常不同意、比较不同意、一般、比较同意、非常同意"的李克特五分量表形式。

二、问卷设计与调研

　　A大学是一所拥有文、史、哲、经、管、法、理、工、医、体育、艺术等12个学科门类的综合性大学，历来是江西省的代表性高校之一。因此，本书以A大学的本科生作为调查对象。

　　根据广泛调查的原则，为了充分调查研究对象群体的观点与看法，保证研究的科学性，本次研究数据收集主要方法为调查问卷。为保证样本选取的科学性和代表性，减少抽样误差，本书采用分层抽样的方法选取样本：首先，根据学科类别，将A大学本科生划分为理工类、人文社科类、艺术体育类、医学类4个层级；其次，采取50：1的抽样比例确定各层抽样数量；最后，在相关学科类别的大学生中进行简单随机抽样，选定样本。

　　爱国主义具有普遍性和多样性。爱国主义精神不仅是我们每个人的必备品格之一，也在潜移默化中渗透进了我们生活的各个领域，同时在一定程度上指导、影响着我们的日常行为规范。根据上述构建的大学生爱国主义精神状况测评体系，本次问卷中问题的组成与设计从三大维度入手，分别是爱国意识、爱国认知和爱国行为，从内在感悟到实践操作，再到以国家战略为背景的教育领域，全方面、多角度地开展调查。经调研小组研究讨论并听取相关指导意见，在每一版块中，均从不同角度设置了多个问

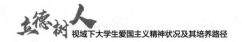
题。其中爱国意识维度的指标包括：爱国主义观念、爱国主义情感；爱国认知维度的指标包括：爱国对国家的作用、爱国对个人的作用、对爱国主义内涵的理解；爱国行为维度的指标包括：参加爱国主义活动、弘扬爱国主义精神、向他人宣传爱国主义、对不爱国言行采取行动。每一指标下具体问题的答案均采用李克特五分量表形式。同时，根据调查对象对此类问题的不同选择，在问题设计上也有不同的分支，保证问卷内容与数据覆盖的全面性和多样性。

根据上述测评指标体系与问卷设计，本书利用网络问卷形式开展问卷调查，借助问卷星平台以学院为单位开展问卷分发与回收。2021年3月至4月，课题组一共发放问卷680份，回收问卷680份，有效问卷680份（见表2-3），达到预期目标。

表2-3　问卷发放回收统计表

学科类别	学生总人数	原定发放问卷数	实际回收问卷数	有效问卷数	有效率	目标达成率
理工类	15228	305	305	305	100%	100%
人文社科类	8603	172	172	172	100%	100%
艺术体育类	2849	57	57	57	100%	100%
医学类	7275	146	146	146	100%	100%
合计	33955	680	680	680	100%	100%

三、调研结果分析

（一）信效度分析

信度代表了问卷的可靠性，效度代表了问卷的有效性，因此，本文利用SPSS统计软件，对本次调查中的量表数据进行了信效度分析。通过可靠性分析，得出数据的Cronbach's alpha系数（克隆巴赫系数）为0.853，高于0.8，这说明量表内部一致性强，问卷信度高。通过探索性因子分析，发现KMO值为0.841，显著性P值小于0.05，说明量表数据适用于做因子分析，再通过主成分提取法进行因子分析，萃取3个公共因子，解释总方差达74.39%，说明量表数据效度较好。因此，本次问卷调查结果信度和效度均较好，调查结果可信，同时也证明本书所构建的大学生爱国主义精神状况测评量表较为科学和有效。

表2-4　大学生爱国主义精神测评体系信度分析

可靠性统计量	
Cronbach's alpha	项数
0.853	9

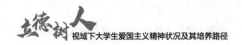

表2-5　大学生爱国主义精神测评体系效度分析

	KMO和Bartlett的检验	
取样足够度的KMO度量		0.841
Bartlett的球形度检验	近似卡方	3019.18
	df	36
	Sig.	0

（二）样本基本情况

受访大学生基本情况如下表所示：

表2-6　受访大学生的性别统计特征

项目		人数	百分比
性别	男	371	54.56%
	女	309	45.44%
	合计	680	100.00%

表2-7　受访大学生的年级统计特征

项目		人数	百分比
就读年级	大一	220	32.35%
	大二	219	32.20%
	大三	154	22.65%
	大四	87	12.80%
	合计	680	100.00%

表2-8　受访大学生的政治面貌统计特征

项目		人数	百分比
政治面貌	中共党员	16	2.35%
	中共预备党员	39	5.74%
	入党积极分子	189	27.79%
	共青团员	399	58.68%
	群众	37	5.44%
	合计	680	100.00%

表2-9　受访大学生的家庭成员政治面貌统计特征

项目		人数	百分比
家庭成员有无党员	有	227	33.38%
	无	453	66.62%
	合计	680	100.00%

　　从受访者的整体情况来看，在性别上，受访大学生的男女比例差不多持平，男生稍多，占总体的54.56%；在年级上，各个年级的受访者人数都超过10%，其中主要为大一（32.35%）、大二（32.20%）的大学生，毕业班年级学生相对较少；在政治面貌上，约有六成（58.68%）的受访大学生是共青团员，有8.09%的受访者是中共预备党员或正式党员。此外，在对受访者的直系亲属中是否有中共党员的情况进行了摸底调查，此项调查旨在结合亲属的影响，分析党员的爱国主义精神是否对大学生

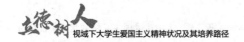

的爱国主义精神有辐射作用。其中有33.38%的受访者表示直系亲属中有共产党员，另有66.62%的受访者的直系亲属中没有共产党员。可见，本次调研对象涵盖了不同性别、不同年级、不同政治面貌的大学生，与A大学总体学生特征是吻合的，充分证明了本次调查抽样的科学性和代表性。

（三）大学生爱国主义精神基本状况分析

1.爱国意识

关于大学生在"爱国意识"维度上的表现调查结果，如下表所示：

表2-10　大学生在爱国主义观念上的结果

问题	选项	人数	百分比
我赞同"国家兴亡，匹夫有责"	非常赞同	515	75.74%
	比较赞同	142	20.88%
	一般	20	2.94%
	不太赞同	1	0.15%
	非常不赞同	2	0.29%
	合计	680	100.00%

表2-11　大学生在爱国主义观念指标上的数据结果

指标	均值	标准差
我赞同"国家兴亡，匹夫有责"	4.39	0.699

在爱国主义观念方面，在全部的680名大学生受访者中，96.62%的大学生赞同"国家兴亡，匹夫有责"（即选择"非常同意"或"比较同意"的学生比例），其中超过四分之三（75.74%）的大学生持"非常赞同"的态度，仅有3位同学不甚赞同这一看法。由此可见，绝大多数大学生受访者都能够在思想上将个人命运、民族命运与国家命运紧密结合在一起，绝大部分大学生秉持着朴素的爱国主义观念。

表2-12　大学生在爱国主义情感上的结果

问题	选项	人数	百分比
我具备爱国主义情感	非常同意	341	50.15%
	比较同意	272	40.00%
	一般	61	8.97%
	不太同意	4	0.59%
	非常不同意	2	0.29%
	合计	680	100.00%

表2-13　大学生在爱国主义情感指标上的数据结果

指标	均值	标准差
我具备爱国主义情感	4.72	0.554

在爱国主义情感方面，超过九成（90.15%）的大学生认为自己具备爱国主义情感，其中有一半以上（50.15%）大学生的爱国主义情感非常强烈，仅有极个别的大学生认为自己的爱国主义情感不太明显。由此可见，大学生普遍认为自己具备爱国主义情感，说明爱国主义情感已经在大

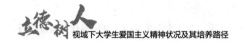

学生群体中"扎根",成为大学生必备的精神品质之一。

综上所述,绝大部分大学生普遍具有朴素的爱国主义观念和爱国主义情感,并且他们的爱国主义观念和爱国主义情感非常强烈。因此,新时代大学生爱国主义意识普遍较高,爱国主义成为当代大学生意识形态的主旋律。

2.爱国认知

关于大学生在"爱国认知"维度上的表现调查结果,如下表所示:

表2-14　爱国主义精神对国家发展意义上的结果

问题	选项	人数	百分比
我觉得爱国主义精神对国家发展重要	非常同意	539	79.26%
	比较同意	122	17.94%
	一般	16	2.35%
	不太同意	1	0.16%
	非常不同意	2	0.29%
	合计	680	100.00%

表2-15　爱国主义精神对国家发展指标上的数据结果

指标	均值	标准差
爱国主义精神对国家发展的作用	4.64	0.623

在爱国对国家的作用指标上,97.26%的大学生认为个人具备爱国主义精神对国家发展有着非常重要或比较重要的作用,仅有极个别(3个)同学不认可爱国主义精神对国家发展的作用。由此可以看出,绝大部分大

学生都对爱国主义精神对国家的发展具有重要作用这一观点拥有深刻的认识和高度的肯定，绝大部分大学生高度认可爱国对国家的作用，也在一定程度上反映出大学生群体对爱国主义教育重要性的肯定与认可。

表2-16　爱国主义精神对个人发展意义上的结果

问题	选项	人数	百分比
我觉得爱国主义精神对个人发展重要	非常同意	482	70.88%
	比较同意	162	23.82%
	一般	30	4.41%
	不太同意	4	0.59%
	非常不同意	2	0.30%
	合计	680	100.00%

表2-17　爱国主义精神对个人发展指标上的数据结果

指标	均值	标准差
爱国主义精神对个人发展的作用	4.76	0.525

在爱国对个人的作用指标上，94.70%的大学生认为爱国主义精神对个人发展有着重要的作用，其中超过七成（70.88%）的大学生认为爱国主义精神对个人发展是非常重要的，仅有极少数（6位）同学不太认同爱国主义精神对个人的作用。这说明绝大多数大学生认为爱国主义精神对个人发展具有重要作用，能够将个人发展与思想精神建设联系起来，重视爱国对个人发展的作用。

表2-18　大学生对新时代爱国主义精神内涵理解上的结果

问题	选项	人数	百分比
我了解新时代爱国主义精神内涵	非常同意	176	25.88%
	比较同意	309	45.44%
	一般	175	25.74%
	不太同意	18	2.65%
	非常不同意	2	0.29%
	合计	680	100.00%

表2-19　大学生在对新时代爱国主义精神内涵理解指标上的数据结果

指标	均值	标准差
对新时代爱国主义精神内涵的理解	3.94	0.804

在对爱国主义内涵的理解指标上，71.32%的大学生认为自己非常了解或比较了解新时代爱国主义精神的内涵，但其中仅有约四分之一（25.88%）的大学生"非常同意"，而另有约四分之一（25.74%）的大学生认为自己对新时代爱国主义的内涵了解为"一般"。这说明大部分大学生对新时代爱国主义精神的内涵有所了解，但还是有相当一部分大学生对其内涵缺乏了解，因此在大学生群体中对爱国主义精神内涵的教育还需要进一步加强。

由此可见，在爱国认知方面，新时代大学生普遍高度认可个人具备爱国主义精神对个人发展以及国家发展的积极作用和重要性，大部分大学生也对新时代爱国主义精神的内涵有所了解，但是理解程度有待深化。

3.爱国行为

关于大学生在"爱国行为"维度上的表现调查结果，如下表所示：

表2-20　大学生在参加爱国主义活动意愿上的结果

问题	选项	人数	百分比
我愿意参加爱国主义活动	非常愿意	58	8.53%
	比较愿意	170	25.00%
	一般	318	46.76%
	不太愿意	114	16.76%
	非常不愿意	20	2.95%
	合计	680	100.00%

表2-21　大学生在参加爱国主义活动意愿指标上的数据结果

指标	均值	标准差
我愿意参加爱国主义活动	3.19	0.917

在参加爱国主义活动方面，多数（46.76%）大学生参加爱国主义活动的意愿度为"一般"，表现为平均一个月参加1~2次活动；约有三分之一（33.53%）的大学生"比较愿意"或"非常愿意"参加爱国主义活动（即每周都参加），也有19.71%的大学生"不太愿意"或"非常不愿意"参加

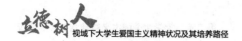

爱国主义活动。这说明当前大学生有一定参加爱国主义活动的积极性，但是整体上主动参加爱国主义活动的意愿度不高，在爱国主义活动上的描述性统计均值只有3.19，下一步相关爱国主义活动的开展要考虑如何提高大学生的主动性和积极性。

表2-22　　大学生参加爱国主义活动的统计数据

问题	选项	人数	个案百分比
您参加过哪些爱国主义活动	参加爱国主义讲座	441	64.90%
	参观爱国主义教育基地	363	53.40%
	观看爱国主义教育影片	576	84.70%
	阅览爱国主义书籍	426	62.60%
	参加爱国主义征文、演讲、知识竞赛等活动	277	40.70%
	参加爱国主义主题班会	437	64.30%
	参观爱国主义展览	280	41.20%
	从未参加	20	2.90%
	其他	4	0.60%

从上表可以看出，大学生参加的各种爱国主义活动的比例都比较平均，基本上在40%~65%，其中，选择"观看爱国主义教育影片"的大学生最多，占84.70%，只有2.90%的学生选择"从未参加"爱国主义教育活动。此外，平均每个大学生都选择了4~5个参加爱国主义活动的渠道，这表明目前大学生参加爱国主义活动的渠道还是非常丰富的。

表2-23　大学生不参加爱国主义活动原因的统计数据

选项	人数	百分比
学业繁忙、没有时间	5	25.00%
对活动不感兴趣	5	25.00%
认为内容没有意义	2	10.00%
不知道有这类活动	5	25.00%
没有相关活动	3	15.00%
合计	20	100.00%

在不参加爱国主义活动的原因方面，其中分别有5位大学生选择了"学业繁忙、没有时间""对活动不感兴趣""不知道有这类活动"，还有2位大学生选择了"认为内容没有意义"，3位大学生选择了"没有相关活动"。通过调查发现，这些大学生不参加爱国主义活动还是有一些自身原因和活动宣传方面的问题。

表2-24　大学生在弘扬爱国主义精神上的结果

问题	选项	人数	百分比
我愿意在日常实践中弘扬爱国主义精神	非常愿意	316	46.47%
	比较愿意	264	38.82%
	一般	70	10.29%
	不太愿意	9	1.33%
	非常不愿意	21	3.09%
	合计	680	100.00%

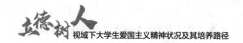

表2-25　大学生在弘扬爱国主义精神指标上的数据结果

指标	均值	标准差
我愿意在日常实践中弘扬爱国主义精神	4.1	0.963

在弘扬爱国主义精神方面，大多数（85.29%）大学生"非常愿意"或"比较愿意"在日常实践中弘扬爱国主义精神，10.29%的大学生意愿度为"一般"，另有4.42%的大学生"不太愿意"或"非常不愿意"在日常实践中弘扬爱国主义精神。可见，大部分大学生愿意将爱国主义精神融入日常生活和学习之中，愿意在实践中弘扬爱国主义精神；但是，依然有一部分学生在生活和学习中弘扬爱国主义精神的意愿度不高。

表2-26　大学生在爱国主义宣传主动性上的结果

问题	选项	人数	百分比
我愿意主动向他人宣传爱国主义	非常愿意	324	47.65%
	比较愿意	231	33.97%
	一般	116	17.06%
	不太愿意	7	1.03%
	非常不愿意	2	0.29%
	合计	680	100.00%

表2-27　大学生在爱国主义宣传主动性指标上的数据结果

指标	均值	标准差
我愿意主动向他人宣传爱国主义	4.27	0.88

在向他人宣传爱国主义方面，有81.62%的大学生"非常愿意"或"比较愿意"主动向他人宣传爱国主义，但是也有17.06%的大学生主动向他人宣传爱国主义的意愿度为"一般"。这反映了大部分大学生愿意主动宣传爱国主义，但是也有一部分学生宣传爱国主义的主动性有所欠缺。

表2-28　大学生在指摘不爱国言行上的结果

问题	选项	人数	百分比
在现实生活中看到不爱国的言论或行为时，我愿意采取行动（如驳斥、制止、回击等）	非常愿意	267	39.26%
	比较愿意	279	41.03%
	一般	95	13.97%
	不太愿意	16	2.35%
	非常不愿意	23	3.39%
	合计	680	100.00%

表2-29　大学生在指摘不爱国言行指标上的数据结果

指标	均值	标准差
我愿意主动指摘不爱国言行	4.28	0.8

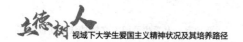

在对不爱国言行采取行动方面，约八成（80.29%）的大学生"非常愿意"或"比较愿意"在面对不爱国言行时采取驳斥、制止、回击等行动，也有13.97%的大学生在面对不爱国言行时采取行动的意愿度"一般"；此外，还有5.74%的大学生在面对不爱国言行时"不太愿意"或"非常不愿意"采取行动。在大学生主动指摘不爱国言行指标上的数据结果方面，描述性统计均值高达4.28，标准差为0.8。由此可见，大部分大学生在面对不爱国言行时愿意主动采取行动予以制止，但是也有相当一部分大学生在面对不爱国言行时采取行动的意愿度不高。

综上所述，大部分大学生都有不同程度的爱国行为表现，乐意在日常生活中成为爱国主义的实践者、传播者、弘扬者，但是也有相当一部分大学生的爱国行为不积极，尤其是在主动参加爱国主义活动方面。

（四）大学生爱国主义精神影响因素分析

为了分析影响大学生爱国主义精神状况的因素，本次调查专门设计了一个"大学生关于影响自身爱国主义精神最大因素的自评"的问题，结果如下表所示：

表2-30　大学生关于影响自身爱国主义精神最大因素的自评

影响因素	人数	百分比
国家、社会导向	355	52.20%
学校教育	220	32.35%
家庭影响	75	11.03%
同学、朋友影响	25	3.68%
其他	5	0.74%
合计	680	100.00%

从表2-30可知，超过半数（52.2%）的大学生认为"国家、社会导向"是最大的影响因素，约三分之一（32.35%）的大学生认为"学校教育"是最大影响因素，另有11.03%的大学生认为最大影响因素是"家庭"；此外，还有少数学生受到同学、朋友以及其他因素的影响。由此可见，大学生的爱国主义精神受到国家、社会、学校、家庭、他人等各种因素的影响，其中国家和社会的影响颇为显著，而学校教育的影响也是重要因素。

为进一步分析大学生爱国主义精神的影响因素，本文利用SPSS统计软件将性别、年级、政治面貌以及家庭成员政治面貌等相关因素与各指标进行相关性分析，采用Pearson系数法予以观测，其中P值代表两个变量间是否存在相关性，R值代表变量间的相关性大小。分析结果如下表所示：

表2-31 部分因素与大学生爱国意识指标体系的相关性分析

因素 \ 指标		爱国意识	
		爱国主义观念	爱国主义情感
性别	Pearson 系数（R 值）	−0.012	−0.042
	显著性（P 值）	0.749	0.277
年级	Pearson 系数（R 值）	−0.061	−0.075
	显著性（P 值）	0.112	0.051
个人政治面貌	Pearson 系数（R 值）	0.102**	0.087*
	显著性（P 值）	0.008	0.023

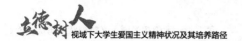

续表

因素 \ 指标		爱国意识	
		爱国主义观念	爱国主义情感
家庭成员	Pearson 系数（R 值）	0.025	0.117**
政治面貌	显著性（P 值）	0.516	0.002

表2-32　部分因素与大学生爱国主义认知指标体系的相关性分析

因素 \ 指标		爱国认知		
		爱国对国家的作用	爱国对个人的作用	对爱国主义内涵的理解
性别	Pearson 系数（R 值）	0.006	0	−0.053
	显著性（P 值）	0.886	0.997	0.169
年级	Pearson 系数（R 值）	−0.06	−0.096*	−0.055
	显著性（P 值）	0.118	0.012	0.153
个人	Pearson 系数（R 值）	0.074	0.094*	0.023
政治面貌	显著性（P 值）	0.055	0.014	0.55
家庭成员	Pearson 系数（R 值）	0.066	0.039	0.119**
政治面貌	显著性（P 值）	0.086	0.31	0.002

表2-33 部分因素与大学生爱国行为指标体系的相关性分析

因素＼指标		爱国行为			
		参加爱国主义活动	弘扬爱国主义精神	向他人宣传爱国主义	对不爱国言行采取行动
性别	Pearson 系数（R 值）	−0.032	0.003	0.076*	−0.032
	显著性（P 值）	0.402	0.941	0.047	0.408
年级	Pearson 系数（R 值）	−0.049	−0.128**	−0.083*	−0.091*
	显著性（P 值）	0.203	0.001	0.031	0.017
个人政治面貌	Pearson 系数（R 值）	0.138**	0.041	0.083*	−0.011
	显著性（P 值）	0	0.283	0.03	0.767
家庭成员政治面貌	Pearson 系数（R 值）	0.071	0.028	0.099*	0.019
	显著性（P 值）	0.063	0.465	0.01	0.615

备注：** 在 0.01 水平（双侧）上显著相关；* 在 0.05 水平（双侧）上显著相关

由上表可知，首先，性别与大学生的爱国主义精神各维度大多没有明显的相关性，只是与爱国行为维度中的"向他人宣传爱国主义"指标呈现正相关，即女生相较于男生更乐意主动向他人宣传爱国主义；其次，年级与"爱国对个人的作用""对不爱国言行采取行动""弘扬爱国主义精神""向他人宣传爱国主义"等指标呈现显著负相关，即低年级的大学生

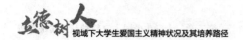

相较于高年级的大学生在爱国主义的认知和行为方面更为积极，这可能是多方面原因造成的，但恰恰证明当前高校的爱国主义教育依然极为必要，不容忽视，尤其是在促进爱国主义行动教育方面；再次，个人政治面貌与"爱国主义情感""爱国主义观念""爱国对个人的作用""参加爱国主义活动""向他人宣传爱国主义"等指标存在正相关，即作为中共党员、中共预备党员的大学生在爱国主义意识、认知和行动等各方面均有着更为积极的表现和意愿度，反映了学生党员积极鲜明的爱国主义态度，是爱国主义精神最坚定的弘扬者和实践者；最后，家庭成员的政治面貌与大学生爱国主义精神也存在一定的关联，它与"爱国主义情感""对爱国主义内涵的理解""向他人宣传爱国主义"等指标存在正相关，即直系亲属中有党员的大学生具备更强烈的爱国主义情感，也对新时代爱国主义精神内涵有更充分的了解，并在主动宣传爱国主义方面更为积极，这说明优良的家风和家庭传承对大学生爱国主义精神的培养和传播有着深远的影响。

第三章
大学生爱国
主义精神教育实证分析

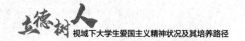

　　作为国家未来的主人和建设者，"爱国主义精神"对新时代大学生具有极其重要的作用。无论是对个人行为准则的外在约束，还是对内在修养的潜移默化的影响，都昭示着"爱国主义精神"的重要性。从国家层面来看，"人民有信仰，国家有力量，民族有希望"。爱国主义精神在人民群众中的扎根与繁荣，为国家发展建设提供了强大的推动力，是国家长期稳定健康发展的后备"能源"保障。从社会层面来看，爱国主义精神在人民心中扎根，是社会价值观的正确发展方向，对全社会齐心协力共谋发展、维护和保持社会稳定具有重要作用。从个人层面来看，爱国主义精神作为个人成长与发展的重要优秀品质之一，在潜移默化中引领个人成长成才之路，在润物无声中塑造个人的坚定品格。

　　然而，即使目前全国上下各种爱国主义教育活动正在如火如荼地开展，但仍有少部分人爱国主义精神思想较为薄弱，同时也有许多地方并未完全普及此类教育活动。想要建成全方位、多角度、全覆盖的爱国主义教育体系，还需要更加科学、完备的建设策略与实施路径。

一、调研设计与实施

根据之前的问卷调查以及访谈结果，我们设计了以下大学生爱国主义精神教育测评体系。

表3-1　大学生爱国主义精神教育测评体系

维度	指标	问题陈述
爱国主义教育满意度	爱国主义教育活动	我觉得学校爱国主义教育活动丰富
	爱国主义教育内容	我对老师讲授的爱国主义教育内容感到满意
	爱国主义教育资源	我对学校的爱国主义教育资源感到满意
	爱国主义教育氛围	我觉得学校爱国主义教育氛围浓厚
	爱国主义教育总体满意度	总体上我对学校的爱国主义教育感到满意

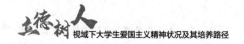

续表

维度	指标	问题陈述
爱国主义教育需求	新技术需求	我希望有更多新技术（如VR、人工智能等）融入爱国主义教育
	教师需求	我希望有更加专业的爱国主义教育的老师
	教育形式需求	我希望有更加丰富有趣的爱国主义教育形式
	日常课程加入爱国主义元素需求	我希望在日常课程中融入更多爱国主义教育元素
	课程趣味性需求	我希望增强爱国主义课程的趣味性
	爱国主义社团及组织需求	我希望有更多专门的爱国主义社团及组织

备注：答案采用"非常不同意、比较不同意、一般、比较同意、非常同意"的李克特五分量表形式。

　　根据测评体系的构建，对本环节内容采用问卷调查和访谈调查两种形式开展。其中问卷内容根据调查问题方向不同，分别采用李克特五分量表形式和多选形式进行调查。对于在上述体系中已列出的测评体系相关问题，以单选题形式出现，并采用李克特五分量表形式设置有关选项；对于其他主观调查类问题，通过半开放式多选题进行设计。

二、问卷调查结果分析

（一）信效度分析

通过上一章的内容，我们知道问卷的可靠性需要进行信度分析，而问卷的有效性需要进行效度分析。通过可靠性分析，得出数据的 Cronbach's alpha 系数为 0.958，高于 0.8，这说明量表内部一致性很强，问卷的信度极高。通过探索性因子分析。发现 KMO 值为 0.945，显著性 P 值小于 0.05，说明适合做因子分析，通过主成分提取法，萃取出 2 个公共因子，解释总方差达到了 ±80.001%，说明量表的效度结果较好。这证实了本书测评量表的真实有效。

表 3-2　大学生爱国主义教育测评体系信度分析

可靠性统计量	
Cronbach's alpha	项数
0.958	12

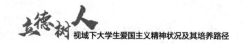

表3-3 对爱国主义教育测评体系通过主成分提取法
提取出的公共因子的表现

	成分	初始特征值a			提取平方和载入			旋转平方和载入		
		合计	方差的%	累积（%）	合计	方差的%	累积（%）	合计	方差的%	累积（%）
原始	1	6.019	66.347	66.347	6.019	66.347	66.347	3.685	40.621	40.621
	2	1.239	13.654	80.001	1.239	13.654	80.001	3.573	39.379	80.001

表3-4 大学生爱国主义教育测评体系效度分析

	KMO和Bartlett的检验	
取样足够度的KMO度量		0.945
Bartlett的球形度检验	近似卡方	9250.039
	df	66
	Sig.	0

（二）大学生对爱国主义教育的意愿和满意度分析

1.参加爱国主义教育意愿分析

关于大学生在爱国主义教育意愿维度上的表现调查结果，如表3-5所示：

表3-5　大学生参加爱国主义教育意愿上的统计结果

问题	选项	人数	百分比
我愿意参加爱国主义教育	非常愿意	87	12.79%
	比较愿意	282	41.47%
	一般	250	36.76%
	比较不愿意	51	7.50%
	非常不愿意	10	1.48%
	合计	680	100.00%

表3-6　大学生参加爱国主义教育意愿指标上的数据结果

指标	均值	标准差
大学生参加爱国主义教育意愿	3.6	0.833

在爱国主义教育意愿度方面，有超过九成（91.02%）的大学生愿意参加爱国主义教育，多数（41.47%）大学生参加爱国主义活动的意愿度为"比较愿意"，表现为平均一周参加1~2次活动；有12.79%的学生"非常愿意"（即每周都参加）参加爱国主义教育，但也有8.98%的学生"非常不愿意"或是"比较不愿意"参加爱国主义教育，对爱国主义教育产生厌恶或是抗拒的心理。大学生参加爱国主义教育意愿指标上的均值为3.6。从这方面上看，爱国主义教育在全民推广仍然存在一定的难度。新时代的大学生，应做到人人愿意并积极主动地参与爱国主义教育活动。

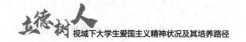

2.对爱国主义教育的满意度分析

表3-7　大学生对学校爱国主义教育总体满意度的统计结果

问题	选项	人数	百分比
总体上我对学校的爱国主义教育感到满意	非常满意	203	29.85%
	比较满意	295	43.38%
	一般	155	22.79%
	比较不满意	15	2.21%
	非常不满意	12	1.77%
	合计	680	100.00%

表3-8　大学生对学校的爱国主义教育总体满意度指标上的数据结果

指标	均值	标准差
总体上我对学校的爱国主义教育感到满意	3.97	0.88

大学生对爱国主义教育总体满意度呈现了该校爱国主义教育的整体水平情况。根据表中内容我们可以得知，29.85%的大学生对学校的爱国主义教育"非常满意"，43.38%的学生对学校的爱国主义教育"比较满意"，而不满意的学生数量极少，仅占样本的3.98%（其中"非常不满意"占1.77%，"比较不满意"占2.21%）。这说明当前该校的爱国主义教育整体水平比较良好，在学生中获得了不错的评价，但仍有部分（22.79%）学生对学校的爱国主义教育的总体满意度持中间态度。从中可以发现，当下的爱国主义教育水平已经渐渐地跟不上新时代爱国主义

教育的发展，无法满足学生日渐向上的爱国主义教育需求。

表3-9 大学生对学校的爱国主义教育活动丰富满意度上的统计结果

问题	选项	人数	百分比
我觉得学校的爱国主义教育活动丰富	非常同意	198	29.12%
	比较同意	281	41.32%
	一般	171	25.15%
	比较不同意	13	1.91%
	非常不同意	17	2.50%
	合计	680	100.00%

表3-10 大学生对老师讲授的爱国主义教育内容满意度上的统计结果

问题	选项	人数	百分比
我对老师讲授的爱国主义教育内容感到满意	非常满意	210	30.88%
	比较满意	294	43.24%
	一般	149	21.91%
	比较不满意	13	1.91%
	非常不满意	14	2.06%
	合计	680	100.00%

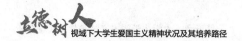

表3-11　大学生对学校的爱国主义教育资源满意度上的统计结果

问题	选项	人数	百分比
我对学校的爱国主义教育资源感到满意	非常满意	209	30.74%
	比较满意	283	41.62%
	一般	159	23.38%
	比较不满意	15	2.20%
	非常不满意	14	2.06%
	合计	680	100.00%

表3-12　大学生对学校的爱国主义教育氛围满意度上的统计结果

问题	选项	人数	百分比
我觉得学校的爱国主义教育氛围浓厚	非常同意	188	27.65%
	比较同意	281	41.32%
	一般	183	26.91%
	比较不同意	15	2.21%
	非常不同意	13	1.91%
	合计	680	100.00%

表3-13　大学生在不同指标下满意度的数据结果

指标	均值	标准差
我觉得学校的爱国主义教育活动丰富	3.93	0.916
我对老师讲授的爱国主义教育内容感到满意	3.99	0.889
我对学校的爱国主义教育资源感到满意	3.97	0.903
我觉得学校的爱国主义教育氛围浓厚	3.91	0.893

在爱国主义教育活动丰富满意度方面，大学生对学校的爱国主义教育活动感到满意者超过七成（其中"非常同意"占29.12%，"比较同意"占41.32%），但是，仍然有4.41%的学生选择了"非常不同意"和"比较不同意"，说明目前大学的爱国主义教育活动还是有需要改进的地方。

在爱国主义教育内容满意度上，74.12%的大学生"非常满意"或是"比较满意"老师讲授的爱国主义教育内容，这说明当前学校的爱国主义教育内容还是比较受大学生的欢迎。

在爱国主义教育资源满意度方面，绝大部分（72.3%）大学生都对学校的爱国主义教育资源丰富程度一致认可，但仍有少部分（4.3%）大学生认为目前学校的爱国主义教育资源无法满足他们的需求。

在学校的爱国主义教育氛围满意度方面，绝大多数大学生认为学校的爱国主义教育氛围比较浓厚。其中，27.7%的学生持"非常同意"的态度，41.3%的学生持"比较同意"的态度，只有4.1%的学生认为学校的爱国主义教育氛围还不够浓厚。由此可见，学校在爱国主义教育氛围的培养上下了很大的功夫。

同时，在各指标下的描述性统计均值都与总体满意度的描述性统计均值相差不大，都在3.9~4.0之间，说明大学生对学校的爱国主义教育总体上是认可的。

由上述调查结果可知，新时代大学生对目前的爱国主义教育感到满意，"教育指导思想的时代性为新时代大学生爱国主义教育指明了方向，教育资源的丰富性充实了新时代大学生爱国主义教育的内容，教育方式的现代化丰富了新时代大学生爱国主义教育的形式"[1]。

在调研中发现，仍有少部分大学生对学校的爱国主义教育存在一定的不满，并且在"非常不满意"学校的爱国主义教育的12人中，有10名大学生对爱国主义教育活动、资源、内容和氛围上都选择了"非常不同（满）意"，这一现象说明当前学校的爱国主义教育仍面临着教学方式缺乏新意、教育载体运用不强、传统文化认同感降低等现象，无法满足所有的受众群体，这一系列问题给爱国主义教育增加了难度。

3.大学生对爱国主义教育资源倾向与偏爱分析

表3-14　　大学生接受参加学校开展的爱国主义教育的结果

问题	选项	人数	个案百分比
接受过学校开展的哪些爱国主义教育	"青年大学习"等网上党课、团课	645	94.85%
	学校组织的爱国主义教育活动	550	80.26%
	教师/辅导员开展的爱国主义教育主题班会	529	77.79%

---

① 孟丽：《论新时代大学生爱国主义教育的新机遇与新举措》，《学校党建与思想教育》2021年第5期。

问题	选项	人数	个案百分比
接受过学校开展的哪些爱国主义教育	与爱国主义相关的教育思政课	532	78.24%
	从未参加	10	1.47%
	其他	1	0.15%

在参加过的爱国主义教育选择上，大部分受访者接受学校开展的爱国主义教育的途径都比较丰富，平均每个学生都选择了3~4种渠道，并且每种途径的选择状况都比较平均，比例基本上在20%~30%，虽然有少许（0.4%）的受访者选择"从未参加"学校开展的爱国主义教育，但还是可以说明学校的爱国主义教育参与度是非常高的。

表3-15 大学生不参加学校开展的爱国主义教育活动原因的统计数据

选项	人数	百分比
不知道相关教育信息	4	40.00%
学业繁忙、没有时间	2	20.00%
对活动不感兴趣	2	20.00%
认为活动内容没有意义	1	10.00%
没有开展相关活动	1	10.00%
合计	10	100.00%

在"从未参加"学校开展的爱国主义教育的受访者中，有4位大学生是因为消息闭塞而不知道相关的教育信息，有2位大学生是因为学业

繁忙而没有时间，还有2位大学生是因为不感兴趣，另有1位大学生觉得活动内容没有意义，还有1位大学生是因为学校没有开展相关爱国主义教育活动所以没有参加。由此看来，受访者不接受学校开展的爱国主义教育的原因还是以自身原因为主。

表3-16 大学生对爱国主义教育资源偏爱的统计结果

问题	选项	人数	个案百分比
我更喜欢哪种类型的爱国主义教育资源	纸质图书、期刊、报纸	214	31.47%
	电子图书、期刊、报纸等	336	49.41%
	音视频资源	435	63.97%
	爱国主义教育基地	204	30.00%
	其他	2	0.30%

在喜欢的爱国主义教育资源类型方面，大学生更趋向于选择"电子图书、期刊、报纸等""音视频资源"这些渠道来获取爱国主义教育资源，分别有49.41%和63.97%的大学生选择了这两个渠道。与此同时，有30.00%的大学生选择了"爱国主义教育基地"，有31.47%的大学生选择了"纸质图书、期刊、报纸等"这些渠道。虽然随着互联网的发展，线上获取爱国主义教育资源逐渐成为主要渠道，但线下传统渠道仍然占据着不小的比例。另外，总体来看，平均每个学生只选择了1~2个答案，表明大学生获取爱国主义教育资源的渠道仍然比较单一。

表3-17　大学生接受爱国主义教育选择平台倾向上的统计结果

问题	选项	人数	个案百分比
我平时接受爱国主义教育的平台	社交软件（QQ、微信等）	421	61.91%
	影视网站（如腾讯视频、哔哩哔哩等）	448	65.88%
	学习软件（如学习强国、学习通等）	538	79.12%
	纸质图书、报纸、期刊等	201	29.56%
	新闻网站及软件	311	45.74%
	短视频平台（如抖音、快手等）	215	31.62%
	其他	2	0.29%

　　我们调查了大学生在接受爱国主义教育时选择平台的倾向，大多数大学生会通过社交软件或影视网站参与学校的爱国主义教育，表明当前学校爱国主义教育更多的是通过网络媒体的形式展开；另外，学习软件（如学习强国、学习通等）的使用人数是最高的，而随着短视频的兴起，大学生在短视频平台接受爱国主义教育的比例也在逐渐增大，这说明学校的爱国主义教育方式也在与时俱进。

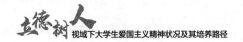

4.大学生对爱国主义教育中形式主义的看法分析

表3-18   大学生认为学校的爱国主义教育存在形式主义的统计结果

问题	选项	人数	百分比
我觉得学校的爱国主义教育存在形式主义	非常不同意	54	7.94%
	比较不同意	95	13.97%
	一般	217	31.91%
	比较同意	174	25.59%
	非常同意	140	20.59%
	合计	680	100.00%

　　无论是爱国主义教育还是理论知识学习，最害怕看到的便是形式主义。对此，我们也专门设计了针对爱国主义教育形式主义的问题。在关于学校的爱国主义教育是否存在形式主义这一问题上，有较多同学认为学校的爱国主义教育存在形式主义，其中，20.59%的大学生"非常同意"学校的爱国主义教育存在形式主义，25.59%的大学生"比较同意"学校的爱国主义教育存在形式主义，只有不到四分之一的大学生不认为学校的爱国主义教育存在形式主义，说明目前学校的爱国主义教育还存在着比较严重的形式主义问题，需要我们认真对待。

　　由此可见，新时代的高校正不断完善教育方式方法，但在加强爱国主义教育方面仍有很大的进步空间。因此在接下来的调查中，我们着重研究了大学生在爱国主义教育方面的需求层次，以便于我们能够更直观地了解大学生在此方面的需求度水平，并基于此研究分析问题。

5.大学生爱国主义教育需求分析

习近平总书记高度重视培养青年的爱国主义精神。习近平总书记强调："青年是国家的未来，也是世界的未来。中国梦与世界梦息息相通，中华民族应该对人类社会作出更大贡献。"[1]在新时代发展的前提下，树立爱国主义精神以及立德树人的教育理念成为高校教育的必然要求。

关于大学生在"爱国教育需求"维度上的表现调查结果，如下表所示：

表3-19　大学生在新技术需求上的统计结果

问题	选项	人数	百分比
我希望有更多新技术（如VR、人工智能等）融入爱国主义教育	非常同意	313	46.03%
	比较同意	264	38.82%
	一般	88	12.94%
	比较不同意	4	0.59%
	非常不同意	11	1.62%
	合计	680	100.00%

表3-20　大学生在新技术需求指标上的数据结果

指标	均值	标准差
我希望有更多新技术（如VR、人工智能等）融入爱国主义教育	4.27	0.829

---

① 习近平：《纪念五四运动100周年大会上的讲话》，《人民日报》2019年5月1日第2版。

在关于新技术（如VR、人工智能等）融入爱国主义教育赞成度调查中，"非常同意"新技术（如VR、人工智能等）融入爱国主义教育的大学生数量最多，占总体的46.03%，这说明有近一半的学生对新技术有强烈的兴趣；而"一般""比较不同意""非常不同意"新技术融入爱国主义教育的大学生不超过16%，并且大学生在新技术需求指标上的描述性统计均值高达4.27，标准差为0.829，由此可见绝大部分大学生都希望以新技术的方式来进行爱国主义教育。

表3-21　大学生在更加专业的爱国主义教育的教师需求上的统计结果

问题	选项	人数	百分比
我希望有更加专业的爱国主义教育的教师	非常同意	281	41.32%
	比较同意	261	38.38%
	一般	120	17.65%
	比较不同意	7	1.03%
	非常不同意	11	1.62%
	合计	680	100.00%

表3-22　大学生在更加专业的爱国主义教育的教师需求指标上的数据结果

指标	均值	标准差
我希望有更加专业的爱国主义教育的教师	4.17	0.866

关于学校是否需要更加专业的爱国主义教育的教师，选择"非常同意"和"比较同意"的大学生高达总数的79.70%，仅有2.65%的大学生选择"比较不同意"和"非常不同意"，说明大部分大学生都希望接受专业的爱国主义教育，希望学校能有更加专业的爱国主义教育的教师，对爱国主义教育持渴求的态度。因此，高校应重视加强对专业的爱国主义教育教师的培养，锻造山一批信仰坚定、业务精湛、素质优良的高水平爱国主义教育教师团队。

表3-23　　大学生在爱国主义教育形式需求上的统计结果

问题	选项	人数	百分比
我希望有更加丰富有趣的爱国主义教育形式	非常同意	318	46.77%
	比较同意	274	40.29%
	一般	70	10.29%
	比较不同意	5	0.74%
	非常不同意	13	1.91%
	合计	680	100.00%

表3-24　大学生在爱国主义教育形式需求指标上的数据结果

指标	均值	标准差
希望有更加丰富有趣的爱国主义教育形式	4.29	0.829

在关于丰富有趣的爱国主义教育形式上的需求，有大部分（87.1%）的大学生非常需要或是比较需要更加丰富有趣的爱国主义教育形式，10.29%的大学生需求度为"一般"。同时，大学生在希望有更加丰富有

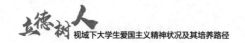

趣的爱国主义教育形式需求指标上的描述性统计均值为4.29，标准差为0.829。这说明当前的爱国主义教育形式需要作出一定的改变，增加更加丰富有趣的教育模式，让大学生更好地融入爱国主义教育。

表3-25   大学生希望在日常课程中融入更多爱国主义教育元素
需求上的统计结果

问题	选项	人数	百分比
我希望日常课程中融入更多爱国主义教育元素	非常同意	285	41.91%
	比较同意	271	39.85%
	一般	104	15.29%
	比较不同意	4	0.59%
	非常不同意	16	2.36%
	合计	680	100.00%

表3-26   大学生希望在日常课程融入更多爱国主义教育元素
需求指标上的数据结果

指标	均值	标准差
我希望日常课程中融入更多爱国主义教育元素	4.18	0.88

关于在日常课程中融入更多爱国主义教育元素需求时，超过80%的大学生对日常课程中需要融入更多的爱国主义教育元素持"非常同意"和"比较同意"的态度，仅有3%的大学生认为在日常课程中不需要融入更

多爱国主义教育元素。由此可见，学生们希望在日常课程中能够融入更多的爱国主义教育元素。

表3-27　大学生在增强爱国主义教育课程趣味性需求上的统计结果

问题	选项	人数	百分比
我希望增强爱国主义教育课程的趣味性	非常同意	337	49.56%
	比较同意	255	37.50%
	一般	69	10.15%
	比较不同意	6	0.88%
	非常不同意	13	1.91%
	合计	680	100.00%

表3-28　大学生在增强爱国主义教育课程趣味性需求指标上的数据结果

指标	均值	标准差
我希望增强爱国主义教育课程的趣味性	4.32	0.839

关于增强爱国主义课程趣味性的需求方面，"非常同意"的大学生占49.56%，"比较同意"的大学生占37.50%，超过了总数的80%，但还有2.79%的大学生不希望增强爱国主义课程的趣味性。总体而言，新时代的大学生对相对枯燥的书面文字已经难以提起兴趣，需要更加具有趣味性的爱国主义教育课程来帮助大学生增强爱国主义。

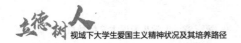

表3-29　大学生在希望有更多专门的爱国主义社团及组织

需求上的统计结果

问题	选项	人数	百分比
我希望有更多专门的爱国主义社团及组织	非常同意	286	42.06%
	比较同意	263	38.68%
	一般	111	16.32%
	比较不同意	8	1.18%
	非常不同意	12	1.76%
	合计	680	100.00%

表3-30　大学生希望有更多专门的爱国主义社团及组织需求指标上的数据结果

指标	均值	标准差
我希望有更多专门的爱国主义社团及组织	4.18	0.871

在希望有更多专门的爱国主义社团及组织需求方面，超过八成（80.74%）的大学生希望成立更多专门的爱国主义社团及组织。目前为止，大部分高校都还没有建立系统的、官方的学习爱国主义精神的社团及组织，大学生在生活中能够参与爱国主义教育的机会相对较少。由此可见，高校成立专门的爱国主义社团及组织是增强大学生爱国主义精神的一种重要手段。

表3-31 部分因素与大学生爱国主义教育满意度的相关性分析

因素		教育满意度				
		爱国主义教育活动	爱国主义教育内容	爱国主义教育资源	爱国主义氛围	爱国主义教育总体满意度
性别	Pearson 相关性	−0.059	−0.026	−0.033	−0.046	−0.067
	显著性（双侧）	0.125	0.499	0.394	0.23	0.083
年级	Pearson 相关性	−.150**	−.164**	−.163**	−.142**	−.160**
	显著性（双侧）	0	0	0	0	0
专业类别	Pearson 相关性	0.021	0.017	0.018	−0.001	0.008
	显著性（双侧）	0.589	0.665	0.637	0.972	0.832
个人政治面貌	Pearson 相关性	−0.034	−0.036	−0.033	−0.036	0.004
	显著性（双侧）	0.377	0.351	0.383	0.344	0.927
家庭成员政治面貌	Pearson 相关性	−.081*	−0.029	−0.05	−.096*	−0.071
	显著性（双侧）	0.035	0.446	0.197	0.013	0.064

备注：** 在 0.01 水平（双侧）上显著相关；* 在 0.05 水平（双侧）上显著相关

表3-32 部分因素与大学生爱国主义教育需求的相关性分析

因素		教育需求					
		新技术需求	教师需求	教育形式需求	日常课程加入爱国主义元素需求	课程趣味性需求	爱国主义社团及组织需求
性别	Pearson 相关性	0.009	−0.023	0.009	0.001	0.008	−0.023
	显著性（双侧）	0.825	0.545	0.811	0.986	0.826	0.542
年级	Pearson 相关性	−.124**	−.124**	−.085*	−.139**	−.116**	−.100**
	显著性（双侧）	0.001	0.001	0.027	0	0.002	0.009

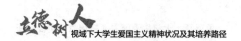
续表

因素		教育需求					
		新技术需求	教师需求	教育形式需求	日常课程加入爱国主义元素需求	课程趣味性需求	爱国主义社团及组织需求
专业类别	Pearson 相关性	−0.014	0.002	−0.036	0.002	−0.034	−0.034
	显著性（双侧）	0.722	0.95	0.355	0.968	0.379	0.374
个人政治面貌	Pearson 相关性	−0.025	−0.047	−0.02	−0.028	0.011	−0.056
	显著性（双侧）	0.522	0.224	0.608	0.471	0.782	0.146
家庭成员政治面貌	Pearson 相关性	−0.044	−0.05	−0.062	−0.033	−0.065	−0.039
	显著性（双侧）	0.256	0.19	0.104	0.392	0.089	0.307

备注：** 在 0.01 水平（双侧）上显著相关；* 在 0.05 水平（双侧）上显著相关

　　由上表可知，首先，大学生的性别和专业类别与大学生爱国主义教育满意度和需求各维度都没有明显的相关性；其次，年级在各指标中都呈现出明显的负相关性，即低年级大学生的爱国主义教育满意度及爱国主义教育需求更高于高年级大学生，其可能与上一章年级与"对个人作用""制止行动""弘扬爱国""宣传爱国"等指标呈现显著负相关有一定的关系，相较于低年级大学生，高年级大学生的爱国主义精神的牢固性不强，参与爱国主义活动和教育的意愿程度下降，再一次证明了爱国主义教育在高校内全面开展的重要性，尤其是在参与爱国主义教育方面，更要落实到全员参与上来；再次，个人政治面貌对参与爱国主义教育意愿呈正相关，即中共党员、预备党员更愿意参与爱国主义教育，由此可见，学生党员对爱国主义教育有着鲜明的参与度与意愿，在高校学生中能够起到很好的先锋模范作用；最后，家庭成员政治面貌在"爱国主义教育活动"满意度和"爱国主义教育氛围"满意度两个指标中呈现出负相关，即直系亲属中有党员的大学生对当前学校开展的爱国主义教育活动以及目前的爱国主义教育氛围还不够满意，这说明高校的爱国主义教育已经与某些学生在家庭中接受的爱国主义教育无法匹配，爱国主义教育在高校中的改革与创新已刻不容缓。

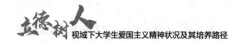

三、访谈调查结果分析

（一）基本情况介绍

本次访谈调查邀请了来自A大学13个代表学院主要负责学生工作的思政工作者或负责相关教育工作的分管书记，他们活跃在各学院学生工作的第一线，在学生的思想教育、品德培养、学习生活等方面有着丰富的经验和深刻的理解，也对爱国主义精神教育有着自己的感悟。本次访谈内容主要从爱国主义教育认知与评价、爱国主义教育工作开展情况、未来爱国主义教育发展方向与规划三个维度展开，讨论当前各教学单位开展爱国主义教育的实际情况，分析可取之处和存在的问题，并着眼于未来，从中提炼、总结出能够推动爱国主义教育改进与发展的良策。访谈的具体问题包括：

①您认为加强大学生爱国主义教育的意义有哪些？（个人，社会，国家……）

②您觉得我们大学生的爱国主义精神整体水平如何？

③您所在的学院/部门在关于大学生爱国主义教育方面有过什么举措？

④您所在的学院/部门是否有开设相关的课程或者课程内容？

⑤您如何评价学校在爱国主义教育方面的工作成效？（为什么？）

⑥未来在强化爱国主义教育方面有什么打算或计划？

⑦您觉得目前学校在加强大学生爱国主义教育方面存在的问题有哪些？

⑧您对当代大学生爱国主义精神的期待是什么？

根据访谈者要求，对访谈者进行匿名化处理，编号如下：

表3-33　受访者编号信息

受访者编号	职务	所在学院类型
A	学生工作办公室副主任	理工类学院
B	学生工作办公室主任	理工类学院
C	学生工作办公室主任	人文社科类学院
D	学生工作办公室主任	医学类学院
E	学生工作办公室主任	理工类学院
F	学生工作办公室主任	医学类学院
G	学生工作办公室主任	医学类学院
H	副书记	综合类学院
I	副书记	理工类学院
J	副书记	理工类学院
K	副书记	人文社科类学院
L	副书记	人文社科类学院
M	副书记	人文社科类学院

在本次访谈研究中，每两人成立一个访谈小组，通过面对面问答的形式开展访谈。各访谈小组在2021年3月至4月期间，分别拜访各位老师，采用一人交流一人记录的形式，针对有关问题与老师交流，获得访谈结

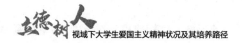

果。本次访谈获得了各位老师的大力支持，取得了良好的效果。

各个访谈问题回答汇总如下所示。

（二）问题汇总与分析

1.加强大学生爱国主义教育意义的认知

表3-34　加强爱国主义教育个人层面的意义

受访者编号	个人层面
A 主任	让青年大学生追求个人进步发展，成就个人的成长成才
B 主任	/
C 主任	大学生是社会的栋梁，是社会主义建设的接班人
D 主任	帮助学生树立正确的三观，走好人生道路
E 主任	引导大学生自觉肩负起实现中国梦的使命，使爱国主义精神在大学生心中牢牢扎根，为大学生奋斗提供源源不断的强大精神力量
F 主任	只有激发个人爱国，才有学习动力，有学习目标和方向
G 主任	/
H 书记	有利于牢固树立正确的世界观、人生观和价值观，增强民族自尊心和自豪感，有利于增强"四个意识"，坚定"四个自信"
I 书记	/
J 书记	爱国主义教育能够激发青年学生的报国之志，促使他们更加努力地学习，从而成为促进学生更好地完成学业的动力
K 书记	爱国主义精神是一个人的精神境界和思想道德素质很重要的一个表现，是对个人品质的完善
L 书记	青年就是未来，有爱国心，有爱国的情怀，才能够有理想，有崇高的理想，才能有积极的心态去实现理想
M 书记	爱国主义教育加强了大学生的集体荣誉感，对个人自身修养的提高有很大帮助

表3-35　加强爱国主义教育社会层面的意义

受访者编号	社会层面
A 主任	成就和促进社会进步发展
B 主任	/
C 主任	/
D 主任	帮助社会形成良好的风气
E 主任	推动社会主义精神文明建设
F 主任	爱国主义教育做得好，社会才能井然有序
G 主任	/
H 书记	有利于增强学生社会责任感，让学生更深刻认识到有国才有家
I 书记	/
J 书记	提高大学生的爱国主义觉悟，有利于形成一个积极向上的爱国主义社会
K 书记	爱国主义的发展、爱国主义的提倡以及爱国主义精神的普及，都离不开社会责任的支撑
L 书记	/
M 书记	/

表3-36　加强爱国主义教育国家层面的意义

受访者编号	国家层面
A 主任	千千万万个人的进步成就国家的进步发展
B 主任	/
C 主任	/
D 主任	帮助国家培养合格建设者和可靠接班人
E 主任	认识到自身的前途命运和国家、民族前途命运密切相关

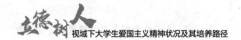
续表

受访者编号	国家层面
F 主任	加强爱国主义教育，才能引导公民树立正确的价值观
G 主任	/
H 书记	有利于文化传承和国家发展
I 书记	/
J 书记	加强大学生爱国主义教育，使他们将自身命运同国家发展联系起来，不断拓宽自己的知识面，完善自身，为国家富强昌盛作出贡献
K 书记	只有国家所有的社会成员都把爱国奉献、民族团结作为一个追求奋斗的目标，这个国家才能够充满一种永续发展的动力
L 书记	爱国主义对于每一个国家的青年来说都是一个永恒的主题
M 书记	爱国主义教育在宏观层面上来说提高了国家的凝聚力

开展爱国主义教育是各个阶段教育主体的职责与义务，所谓爱国主义教育，就是在学生群体中树立爱国主义精神，培养其高度统一的精神品质，从而在今后的学习、生活、工作中为国家发展与建设贡献力量。作为学院党建工作与学生工作的牵头者和带头人，在被问及"加强大学生爱国主义教育有哪些意义"的问题时，受访者们根据以往开展的爱国主义教育的成效与经验等，从个人、社会、国家等多个层面分析了其意义，受访者的观点主要表现在以下几个方面：

从个人层面来看，青年学生正处在世界观、人生观、价值观确立和形成的重要时期，正确的思想教育与引导，对个人的未来起到非常重要的作用。实现中华民族伟大复兴是近代以来中华民族最伟大的梦想，也是中国共产党百年奋斗的主题。实现中华民族伟大复兴绝不是一蹴而就的，需要一代代中国人为之矢志不渝，接续奋斗。青年是民族的未来、国家的希望，更是实现中华民族伟大复兴的先锋力量。今天，实现中华民族伟大复兴的接力棒已经交到新时代青年手中，实现中华民族伟大复兴的重任已经历史性落到当代中国青年肩上。新时代青年尤其是青年大学生能否接好接力棒，能否担负起历史赋予的重任，关乎国家的未来、民族的希望，关乎中华民族伟大复兴的顺利实现。加强新时代青年大学生爱国主义教育，有助于激发爱国主义情怀，增强爱国主义认知，促进爱国主义行为，有助于凝聚大学生积极投身中国特色社会主义事业的伟大实践。K书记表示："爱国主义精神是一个人的精神境界和思想道德素质很重要的表现，它是可以支持、鼓励、动员个人的。个人是社会的有机组成部分，人的发展离不开社会，每个人都是社会的一员。每个人都具有爱国主义精神的话，对社会的发展、个人的成长都是非常有帮助的。当我们提到社会主义核心价值观的时候，在个人层面，就是把爱国放在前面，爱国、敬业、诚信、友善。所以从个人责任层面来说，爱国主义是一个基本的要求，对个人品质的完善、个人能力的提高都是非常有必要的。"

从社会层面来看，作为社会治理与建设的接班人，青年学生的思想与思维方向的正确性，决定着未来社会能够健康、有序发展。在谈到爱国主义对社会的作用时，E主任指出："爱国主义教育是新时期精神文明建设的基础工程，大学生爱国主义教育是重中之重。大学生正处于提高思想道德修养的关键时期，大学生是否具有良好的道德修养关系到社会主义精神文明建设的成败，关系到全民族文明素养的高低。因此，我们应该加强新时期大学生的爱国主义教育，引导大学生树立爱国主义思想，提高思想道德修养，履行大学生引领社会风气、促进社会主义精神文明建设的责任。大学生是中国未来的中流砥柱，他们的思想素质会直接影响到未来中国社会

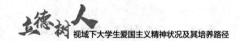

的整体素质。培育他们的爱国精神，提高他们的爱国意识，有利于形成积极的爱国主义社会氛围。"

从国家层面来看，爱国主义教育在青年学生群体中开展，对国家的发展起到重要作用。青年学生应充分利用教育资源丰富自身学识，为今后建设祖国、服务人民做准备、打基础。加强爱国主义教育，可以引导青年学生肩负起实现中华民族伟大复兴的使命，让国家的栋梁之材拧成一股绳、劲往一处使，齐心协力将我国建成富强民主文明和谐美丽的社会主义现代化强国。E主任说："加强新时期大学生爱国主义教育，使大学生认识到自己的前途命运与国家、民族的前途命运息息相关。中国梦的实现需要大学生，但中国梦也在推动着大学生的成长成才，它引导大学生更好地整合他们的个人梦想，在实现个人价值的过程中实现中国梦。"同时，K书记指出："从国家的层面来说，一个国家要想走在时代的前列，必须发挥爱国主义的引领作用。一个国家，只有其所有的社会成员都把国家的繁荣富强作为追求奋斗的目标，这个国家才能充满一种永续发展的动力。所以从个人、社会、国家层面来说，我认为爱国主义是非常需要提倡和发扬的。"

2.大学生爱国主义精神整体水平分析

表3-37　大学生爱国主义精神整体水平评价

受访者编号	评价水平	理由
A主任	较高	在面对外来敌对势力和涉及国家利益问题时，大部分大学生能够体现出爱国主义精神；但在面临个人利益和集体利益时，有一部分大学生会优先选择个人利益
B主任	/	/
C主任	较高	大学生的爱国热情较高，而且还有浓浓的民族自信心，也勇于和辱华事件作斗争

续表

受访者编号	评价水平	理由
D 主任	较高	在大是大非面前能够站好队，但个别同学不一定能辨别某些事件背后的境外反华势力
E 主任	高	爱国主义已成为大学生普遍认同和坚持的价值追求
F 主任	较高	在新型冠状病毒感染防控这件事上，全体大学生还是非常有责任感和使命感的
G 主任	/	/
H 书记	不高	课堂教学学生不感兴趣，实地教学走马观花
I 书记	/	/
J 书记	较高	他们对祖国的热爱深厚浓烈，对中国特色社会主义有积极的认同，但本科毕业班学生受到就业等问题的困扰，消极情绪更多一些
K 书记	高	十分认可大学生对国家的认同，包括弘扬优秀传统价值、贯彻执行党和国家路线方针、弘扬正能量、宣扬主流思想等方面的表现
L 书记	较高	青年不仅需要不断地接受爱国主义教育，还要不断加强爱国主义实践
M 书记	较高	大学生参加相关活动，如对现在正在开展的党史教育活动的积极性还是很高的，大学生的爱国主义精神整体水平还是不错的

在被问及大学生的爱国主义精神整体水平时，多数受访者在大体上认为其整体水平较高，当面对外来敌对势力、台湾问题、防疫问题、辱华势力等时，大部分大学生都能体现出良好的爱国主义精神。J书记说："大学

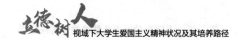

生对祖国的热爱深厚浓烈，对中国特色社会主义有比较积极的认同，在对待某些事件的态度上也能够鲜明地体现出来，在实际行动中特别是事关国家、民族命运的关键时刻有着高度张扬的体现。"

在一些正能量的视频和网站的指引下，当代大学生群体的爱国主义热情也是空前高涨。这些网站用一些年轻人更能接受的方式，如动画、短视频等，使爱国主义精神更加深入大学生心中。C主任说："比如从他们常浏览的B站等平台可以发现，大学生的爱国热情较高，而且还有浓浓的民族自信心，很多人爱看一些类似《那年那兔那些事儿》等弘扬正能量的动画片，也勇于和辱华事件作斗争，等等。"

此外，K书记通过举例说明，表达了他对当代大学生爱国主义精神水平的认可。他说："举个例子来说，2008年汶川大地震发生的时候，汶川需要全国人民的支持和帮助。那个时候我们的大学生展现出了高度的关注和关心，伸出自己的援助之手，捐款捐物，甚至去抗震前线当志愿者。从最近来说，在新冠肺炎疫情发生之后，全国的大学生也是走在前面，遵守法律规定，并且投入到抗疫防疫过程当中，像我们管理学院的一些党员和入党积极分子，甚至是一些普通同学，都根据自己的条件，在所在的社区参加一些志愿者活动，如协助当地的社区去做一些防疫宣传工作，即使宅在家里，也还是按照学校学院的要求，向家人、向周围的人普及防疫知识，并且还坚持线上上学，用自己的行动来为抗疫工作作贡献，我想这也是爱国主义很具体的一种表现。爱国主义不是空洞的，而应该落实到具体的行动上。"

大体而言，大部分学校领导对大学生爱国主义精神整体水平持乐观的态度，但也有部分学校领导持反对和疑问的态度，他们认为有以下四点内容需要引起重视：

第一，存在精致的利己主义者，使一部分大学生难以作出正确的利益的取舍。A主任说："在面临个人利益和集体利益时，有一部分大学生会优先选择个人利益。"

第二，部分大学生还无法清楚判断大是大非，导致了"站错队"的现象。D主任说："存在个别情况，比如近期独立学院转设事件，个别同学不一定能辨别背后的境外反华势力。"

第三，大学课堂空谈爱国主义，无法对大学生起到实质性作用和影响。H书记说的话尤能体现："实效不强，课堂教学学生不感兴趣，实地教学走马观花。"

第四，不同人群对祖国的情怀不一致。当面临社会困难时，大学生可能会产生消极情绪。J书记说："本科毕业班学生受到就业等问题的困扰，消极情绪更多一些。哲学和经济学等学科属于社会学科，这些学科的学生应当比其他学科的学生受到更多的马克思主义理论和世界观的教育，对社会主义祖国应当有更深沉的感情。"

3.爱国主义教育举措

当代的大学生已经拥有了良好的整体素质，但在优越的教学环境条件以及家庭条件下，大学生更加崇尚个性张扬和个性发展，导致一定程度的利己主义、个人主义的兴起。并且，在互联网和人工智能的影响下，大学生更愿意从网络接受知识信息，导致获取的信息良莠不齐，在大是大非面前，难以作出正确的判断和选择。

为了进一步加强大学生爱国主义教育，培养大学生爱国主义精神，各个学院根据实际情况，结合学校及社会资源，开展了丰富多样的教育活动，具体可分为教育类、竞赛类、参观类三大类。这些活动使大学生群体在学习中增强爱国主义信念、在实践中加深对爱国主义的理解。

教育类：结合课程安排与组织活动，大多数受访者表示自己的学院/部门时常组织爱国主义主题教育活动，如举办爱国主题班会以及主题党日、团日活动，并结合形势与政策课程讲授内容，穿插课程宣讲，在学校层面推进爱国主义教育活动有序开展。K书记表示："我们现在有形势与政策课，有关于国家大政方针的一些学习教育，也是一个了解国情的途径。再比如说我们的职业生涯规划课，会把学生的专业和国家的发展结合起来，这也是对学生进行爱国主义教育的一种方式方法。我们还有思政课，现在还有课程思政，在课程中融入爱国主义。所以说我们××学院从课堂到课外课教学再到课外，都是在用不同的形式开展爱国主义教育。当然这种教育有不同策略，让同学们从不同的方面感悟祖国的存在，把自己的发展和国家的发展结合起来，感知社会，融入社会，激发学生的爱国志、强国情、报国行，这是我们在尝试过程当中的一个方向。"

竞赛类：除去教学授课相关主题活动，受访者表示其所在学院/部门会通过开展不同的竞赛活动来调动大学生群体自觉培养爱国主义精神的积极性，主要包括演讲比赛、党史知识竞赛和合唱比赛等形式，引导学生广泛参与其中，感受爱国主义教育内涵，从而由内而外培养自身的爱国主义精神，提高爱国主义素养。K书记举例说明了有关活动内容："我们的社团活动，也是很重要的一块。比如主持人大赛有介绍家乡的环节，这也是对祖国的一种肯定。还有我们的红歌大赛，爱国主义体现在爱党、爱社会主义，是多方面的。"

参观类：在校内组织相关爱国主义教育活动的同时，受访者表示，学院/部门也会利用南昌及其他地方优质的红色旅游资源，开展一定数量的参观学习活动。F主任说："我们会带领学生参观A大学红色文化馆，激发同学们的爱国热忱。"E主任指出："以活动为载体，不断探索爱国主义教育新途径。参观红色文化馆，瞻仰江西革命烈士纪念堂，传承红色基因，赓续红色血脉。"各级党支部、团支部也会定期组织红色旅游景点研学活动，发挥党员干部带头作用，引领各单位爱国主义教育活动有序开展。

4.爱国主义教育相关课程内容

当被问及所在学院/部门开设的相关课程或课程内容时，受访者纷纷表示各学院根据实际情况，结合国际形势及时政热点，开设了许多有关课程。其中以形势与政策课程为代表，并根据社会热点问题，细化出几个专题课程，例如"'十三五'规划""'十四五'规划""两岸关系""绘就新蓝图，奋进新征程"等相关专题。在新冠肺炎疫情期间，学校组织开展了"中国战'疫'大思政"主题教育活动，学习抗疫精神，进一步深入学习爱国主义精神。

5.工作成效评价与问题自评

表3-38　学校爱国主义教育工作成效评价

受访者编号	成效	问题
A主任	整体成效较好	/
B主任	/	/
C主任	成效尚可	存在学生被动参与活动等问题
D主任	成效尚可	学生参与活动不主动
E主任	成效良好，某些方法仍需改进	爱国主义形式不够新颖
F主任	成效显著	/
G主任	/	/
H书记	成效较好	/
I书记	/	/
J书记	取得显著成绩，仍存在问题	教育形式单一、内容陈旧空洞、缺乏系统性等问题
K书记	成效较好	多部门、多角度开展工作。无论是从学习的机制制度方面，还是硬件设施方面，都做了很多工作，有一定成效
L书记	/	要精心构思，注重主题设计、现场的组织内容的设计，包括时间、地点、氛围等内容
M书记	/	/

　　高校应加强爱国主义教育，积极引导大学生学习党史、新中国史、改革开放史、社会主义发展史，深入理解习近平新时代中国特色社会主义思想、社会主义核心价值观，引导大学生厚植爱国主义情怀，坚持中国共产党领导。当被问及如何评价学校在爱国主义教育方面的工作成效时，受访者的观点可以分为两类：一类是充分肯定学校的工作成效（2人）；另一类在肯定工作成效的基础上，指出仍有需要改进的方面（4人），并给出了部分的解决方案（1人）。总体看来，各位受访者对学校开展的爱国主义教育工作取得的成效持肯定态度。G主任指出："整体成效较好，因为有系统的课程以及'主题教育'，能够有效引导学生形成正确的爱国主义精神。"但某些工作的开展仍然需要改进与提高，具体表现在以下几方面：

　　第一，只靠高校单方面的力量还不够使大学生形成正确的爱国主义精神，要依靠学校、家庭、社会三方联动，聚集三者的力量，深入推进爱国主义教育。受访者A主任说："因为学生的世界观、人生观、价值观受到很多因素的影响，且是一个过程，学生从中学时期就开始接受学校、家庭、社会因素的影响，想仅仅通过大学来完全改变一部分学生错误的'三观'是不够的。"家庭的作用是高校无法取代的，家庭的人生观、价值观也一直潜移默化地影响着大学生的人生取向，家庭教育是确保学校爱国主义教育顺利开展的前提。同时社会上也要积极开展爱国主义教育活动，重视发挥社会教育的功能，让爱国主义更加深入人心。

　　第二，教育形式比较单一，缺乏新颖性，导致大学生难以对学校开展的爱国主义教育产生较浓厚的兴趣，学习不够主动。部分工作的完成形式有待改善，如有些学习、打卡活动等，为追求完成率等硬性指标，会采取一定的强制举措，此举可能打击师生参加此类活动的积极性，甚至会衍生出抵制情绪。E主任说："大学生更喜欢形式新颖的爱国主义教育活动，在潜移默化中接受爱国主义熏陶。"A主任说："不否认当前学校的爱国主教育取得了很大成绩，但也存在着教育形式单一、内容陈旧空洞、缺乏系统性等问题，导致同学的学习效率并不高，教育成果并不深刻。"当代高校还需拓展爱国主义教育的途径，激发大学生浓烈的爱国主义情怀，调动他们学习爱国主义精神的积极性。

第三，教育工作缺乏系统性。针对这一问题，J书记指出："主要原因是西方意识形态和价值观的巨人冲击，面临网络信息碎片化与去中心化的挑战，等等。因此，要大力提高教育管理者与教师的爱国主义教育意识，实现学校爱国主义教育和家庭、社会爱国主义教育相结合，使爱国主义教育形式多样化、实效化。"

在全国上下各族人民共同为实现中华民族伟大复兴的中国梦努力奋斗的新时代，爱国主义已深入人心，朝着普遍化、系统化发展，但由于开始时间不同、教育资源差异等，爱国主义教育在开展与推广的过程中仍存在不少问题。在本次的访谈中，受访者针对日常参与的爱国主义教育工作中发现的问题，结合工作实践中的经验与思考，提出了自己的看法与解决途径。通过汇总整理，具体问题分为以下几类：

系统性问题：首先，我国的爱国主义教育体系存在单一性问题，没有形成社会、家庭、学校有效的联动机制，"即当大学所宣传引导的大学生爱国主义教育内容和社会价值、家庭价值取向不一致时，大学生爱国主义教育的效果将会大打折扣。"其次，爱国主义教育的系统化不够。I书记指出："目前大学生爱国主义教育存在碎片化，未形成系统化教育培养体系。"由此看来，提高爱国主义教育系统化程度，推进社会、家庭、学校联动机制的建立，是未来爱国主义教育发展的方向之一。

多样化问题：B主任认为，爱国主义教育的开展形式较为单一。C主任同样指出目前大学开展的爱国主义教育活动大多数为常规工作，存在创新不足的问题。此外，教育开展的互动性不足，"我们的教育方式方

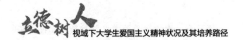

法都是单向输出，学生有没有'输入'或者说有没有'接收'根本就不知道。"G主任说："多点现场教学课堂，带领更多同学到革命教育基地去体验、学习爱国主义精神。"

实践性问题：绝大多数爱国主义教学都在课堂、新媒体上进行，很少到爱国主义教育基地去学习，缺少"现场教学课堂"。像H书记说的："文化活动相对缺失，实地实践教学等覆盖面太小，光靠课堂教学效果不大。"爱国主义教育过于形式主义，缺少实践，大学生与爱国主义教育之间的交互性不足。同时，互联网的便利也造成了高校学生的学习主动性不足，部分学生对我国历史的了解程度还不够，使得民族意识和爱国主义思想在某种程度上被弱化了。并且，在当前教育模式下，爱国主义教育在学校的课程设置中也没有被重点突出，也就使得对爱国主义教育的重视程度不够。

主体性问题：大学生在世界观、人生观、价值观还未完全树立的前提下，过早地接触到西方主流意识价值观，导致了主体的模糊，形成了不良的认知，进而更无法在现实生活中培养起正确的爱国主义思想。J书记说："全球化进程加速下的今天，西方社会文化对中国的渗透影响更为明显，其某些观念对当代大学生思维和思维方式的冲击在一定程度上削弱了学生们的爱国主义思想。"在新媒体错杂思想的冲击下，大学生容易产生"拜金主义""利己主义"等以自身利益为主的错误观念，从而无法实现人生价值。"正确利用网络媒体平台帮助高校大学生在大是大非问题面前始终保持政治清醒，让爱国情怀如一缕春风，不断治愈错误信息对其的冲击和影响，同时积极营造风清气正的网络环境，这些正是高校思想政治工作的当务之急。"

6.未来开展爱国主义教育的工作规划

在未来开展爱国主义教育的打算或计划上，受访者也都根据实际情况，分享了他们的想法。其中，部分（3位）受访者将传播爱国主义的媒介视为重点，如通过正能量的影片加强年轻学生的共鸣，加大媒体的爱国主义宣传力度，通过信息时代的各种媒介，传播爱国主义，让爱国主义活动更加喜闻乐见。C主任表示："作为和学生走得最近的一拨人，应该多倾听学生的意见，以他们能接受的方式强化爱国主义教育，比如对时事热点探讨的思想引领，少些说教，多些入情入理的分析。推荐一些不错的正能量影片给学生，比如《觉醒年代》《山海情》《理想照耀中国》等，能引起学生的共鸣。"

部分（2位）受访者还认为要加强大学生的思政教育，强化对时事热点探讨的思想引领。还有一些受访者觉得要将爱国主义教育和大学生日常学习、工作、生活结合起来，完善以人为本的教育理念，提高大学生的国家意识和民族意识，使爱国主义贯穿于各项活动之中。I书记列出了几点建议："①我们要提高大学生的自信心，增强大学生的民族意识。民族自信心教育应贯穿爱国主义教育全过程，使每一个大学生都能为自己的身份感到骄傲。②加强社会和各类媒体的爱国主义宣传，增强大学生的爱国意识。在社会发展过程中，优化社会爱国主义教育环境是全社会义不容辞的责任和义务。③我们要加强大学生爱国主义教育，不断为实现国家富强、民族复兴、人民幸福而努力。"

同时，K书记从多个角度阐明了未来的规划："爱国主义教育是思想政治教育中很重要的一个部分。我们今后会本着立德树人、寓教于乐、寓教于日常的教育理念，多方面、多角度、多层次地开展爱国主义教育。再就是加强社会实践，利用寒暑假时间，让同学运用专业知识多去体验社会，多去感悟生活，用心去体会中国的发展，这也是一种爱国主义教育。"

7.对当代大学生爱国主义精神的期待

青少年是祖国的未来，是爱国主义教育的重中之重。在被问到对大学生爱国主义精神的期待时，受访者都阐述了自己宏伟的展望。A主任用9

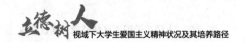

个字表明了他的观点："修身，齐家，治国，平天下。"现在大学生首先要做的便是提高自己的认知，如果对自己的祖国一无所知，爱国主义自然也就无从谈起。我们不仅要对祖国的同胞有强烈的认同感，同时也要对祖国取得的成就和文化发展感到自豪。加强大学生对祖国地理环境、革命历史的了解，更能激发他们对祖国的自豪感和认同感。

其次，便是灌溉大学生的爱国情，要让他们把爱国情牢牢地刻在自己的心中。爱国情不是狭隘的、字面的、盲目的，而是健康的、持续的、永恒的。大学生要始终热爱自己的祖国，始终坚持中国共产党领导。就如G主任所说："真正发自内心的爱国，是一种根植于心的情怀。"

最后，就是要外化于行，内化于心。大学生要把自身成长发展与国家民族命运结合起来，积极投身社会实践，把爱国情、强国志、报国行自觉融入新时代追梦征程，让青春在为祖国、为人民、为民族、为人类的奉献中焕发出更加绚丽的光彩。A主任认为："需要以千万个'小我'自觉地追求进步，朝着成就'大我'整体发展的目标努力奋斗。"国家的发展同样也需要我们每个人一点点地累积，从而更快地达到实现中华民族伟大复兴的宏伟目标，让祖国变得更加强大。J书记这样说："要相信我们伟大的祖国，努力建设祖国，使我们的祖国能自尊、自信、自强地屹立于世界民族之林。"大学生需要积极地投身实践，以爱国之心实现报国之志，深入实际、深入群众，在了解社会的基础上提出真知灼见。

弘扬爱国主义精神，最重要的是要始终把祖国和人民放在心上，立足中国，放眼世界，坚持从推动国家发展和创造人民幸福生活的需要出发，不断在为祖国和人民的奉献中实现自己的理想和价值。

第四章
新时代大学生
爱国主义精神培育路径

通过前文的问卷调查、访谈调查和案例分析可以看出，各高校多数大学生都具备强烈的爱国主义朴素情感，对爱国主义的精神内涵有一定认知，并转化为积极的爱国行动，这充分反映出高校对大学生的爱国主义认知、情感和行动的培养已取得了一定的成效，也反映出当代中国大学生的爱国主义精神处在较高的水平。然而，同样不能忽视的是，大学生爱国主义精神培养中依然出现了诸多问题，这将阻碍新时代大学生爱国主义精神的培育。因此，本章在总结和分析A大学爱国主义教育相关问题的基础上，有针对性地基于国家、高校、家庭、学生等四个层面提出改进的路径与培育的策略。

一、当代大学生爱国主义精神状况及其教育存在的不足

发现和分析问题是提出解决方案的前提。通过第三章的调查与分析，我们发现当代大学生爱国主义精神状况以及高校爱国主义教育均存在一些问题。这既制约了大学生爱国主义精神的进一步培育与强化，也对高校践行和实现立德树人根本任务产生了消极影响。

（一）当代大学生爱国主义精神状况存在的不足

通过实证研究，我们可以发现当代大学生爱国主义精神状况主要存在以下不足：

1.极少数大学生缺乏爱国主义精神

如第三章的调查结果显示，尽管大多数大学生在爱国意识、爱国认知和爱国行为方面等都呈现出积极表现，但是在任何一个指标上都存在大学生选择"非常不愿意""非常不赞同""非常不强烈"等极为负面的选项。例如：有两位大学生非常不赞同"国家兴亡，匹夫有责"，也表示自己没有爱国主义情感，也不认同具备爱国主义精神对国家和个人的积极作用，也不愿意付诸任何爱国主义的行动，这属于完全缺乏爱国主义精神的表现。

2.大学生爱国主义意识、认知与行为存在一定的脱节

如表4-1所示，对比每个指标测评的平均值可以发现，爱国行为维度

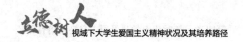

的四个指标的平均值分别为3.19、4.10、4.27、4.28，其中参加爱国主义活动指标的平均值为所有指标中最低的3.19，明显低于爱国意识维度的两个指标的平均值4.39、4.72，也明显低于爱国认知维度的中"爱国对国家的作用""爱国对个人的作用"的平均值4.64、4.76，而且标准差更高，即学生间的态度差异性更为明显。这表明：在整体上，相较于强烈的爱国意识和爱国认知，大学生在爱国行为方面的表现是有所欠缺的。进一步分析，在爱国行为维度下各项指标中选择"非常不同意"的人数远多于其他维度下各项指标中选择"非常不同意"的人数，选择"非常同意"的学生比例远低于其他维度下的各项指标中的学生比例。（详见第三章各表）在访谈中，许多学生也透露对爱国主义只是停留在对国家的朴素情感以及不违法乱纪方面，而作为国家主人翁的担当意识较为淡薄，缺乏主动担当的精神。由此可见，大学生爱国主义意识、认知与大学生的爱国主义行动存在一定的脱节。

表4-1　大学生爱国主义精神各指标描述性统计

维度	指标	均值	标准差
爱国意识	爱国主义观念	4.39	0.699
	爱国主义情感	4.72	0.554
爱国认知	爱国对国家的作用	4.64	0.623
	爱国对个人的作用	4.76	0.525
	对爱国主义内涵的理解	3.94	0.804
爱国行为	参加爱国主义活动	3.19	0.917
	弘扬爱国主义精神	4.10	0.963
	向他人宣传爱国主义	4.27	0.880
	对不爱国言行采取行动	4.28	0.800

3.当代大学生对新时代爱国主义精神的内涵理解较为薄弱

随着时代的发展，爱国主义精神的内涵也在不断丰富、与时俱进。党的十八大以来，以习近平同志为核心的党中央对当代爱国主义的精神内涵进行了丰富的阐释，新时代爱国主义精神的内涵也在不断拓展，当代大学生理应对此有着更为全面的理解。然而，从表2-18可知，约四分之一（25.74%）的大学生认为自己对新时代爱国主义精神内涵的了解为"一般"，还有2.94%的大学生表示对其不太了解或非常不了解，这意味着约有三成的大学生对新时代爱国主义精神的内涵了解不够。而且，通过访谈调查发现，大部分大学生对新时代爱国主义精神内涵的了解也仅限于字面理解或者应试储备，而缺乏真知灼见，对其深刻内涵的理解较为浅薄。

（二）当代大学生爱国主义教育存在的不足

通过问卷调查、访谈调查，我们可以发现大学生爱国主义教育主要存在以下不足：

1.爱国主义教育资源和形式不够丰富多样，也不够新颖

根据各位受访者的访谈分析，即使目前学校与各学院的相关教育活动正在如火如荼地开展，但部分学院负责人表示在相关爱国主义教育活动开展的形式和方式上仍存在诸多值得改进之处。如表4-2所示，大学生爱国主义教育需求维度方面（新技术需求、教师需求、教育形式需求、日常课程加入爱国主义元素需求、增强爱国主义教育课程趣味性需求、更多专门的爱国主义社团及组织需求）的六个均值为4.27、4.17、4.29、4.18、4.32、4.18，这表明学生对新技术、教师资源、教育形式和课程融入爱国主义元素、课程趣味性、更多专门的爱国主义社团及组织等方面的需求强烈，侧面反映出目前高校的爱国主义教育手段仍无法满足学生。首先，大学开展

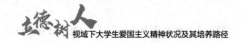
的爱国主义教育形式多样性不高，以集体课程学习为主，对学生学习热情的调动性不强，可能会导致教育活动的单一、枯燥等问题；其次，部分教育活动以"填鸭式"讲授为主，互动性不强，学生参与度不高，难以吸引学生，这也会影响活动开展的质量。此外，爱国主义教育存在许多硬性的任务型活动，学生的自主选择不多，这也是大学生参与活动的热情不高的原因之一。

表4-2　大学生爱国主义教育需求指标描述性统计

维度	指标	均值	标准差
爱国主义资源倾向与偏爱	新技术需求	4.27	0.829
	教师需求	4.17	0.866
	教育形式需求	4.29	0.829
	日常课程加入爱国主义元素需求	4.18	0.88
	增强爱国主义教育课程趣味性需求	4.32	0.839
	更多专门的爱国主义社团及组织需求	4.18	0.871

2.部分爱国主义教育活动存在一定形式上的形式主义

一直以来，党中央和各级政府不遗余力地强调并坚决反对形式主义。然而，受主客观等各种历史和现实因素的制约，形式主义之风在高校教育中依然存在。从学生视角审视，当前部分高校爱国主义教育活动存在一定程度上的形式主义。如表3-18所示，有较多同学认为学校的爱国主义教育存在形式主义，其中，20.59%的学生"非常同意"学校的爱国主义教育存在形式主义，25.59%的学生"比较同意"学校的爱国主义教育存在形式主义，只有不到22%的学生不认为学校的爱国主义教育存在形式主义。这充分说明目前学校的爱国主义教育还存在一定的形式主义，或给学生造成了一定程度的误解。在访谈调查过程中，不少大学生也都希望所在高校能够改变现状，不拘泥于形式，不片面追求参与活动人员的数量，不为迎接或纪念重大节日或活动而临时开展活动，而是真正地从满足学生内心需求的角度去开展爱国主义教育。

3.当代大学生培养爱国主义精神的主动性较为缺乏

从问卷调查和访谈调查结果可以看出，许多大学生参与爱国主义教育相关活动是相对被动的，参与学校开展的活动较多，且多为统一参加，在集体活动之余自主选择参加有关爱国主义教育活动并不多。从这一结果不难看出，大学生参加有关爱国主义教育活动大多是跟随集体安排，而自主参加的热情不高，更多时候还是抱着一种"完成任务""随波逐流"的心态，并没有真正渴望并主动参与爱国主义教育活动，更不用说自发性地组织和开展爱国主义教育活动，自我教育的主动性和创造性较为缺乏。

4.系统性不足

根据问卷调查结果不难看出，大部分的受访者对有关问题答案的选择还是积极的，无论是从思想层面还是行动层面，绝大部分的受访者都能够以爱国之心规范自己的行为，以报国之行指导自己的行动，这也反映出现阶段爱国主义教育的开展对大学生的爱国情感和行为的培养起到一定的积极作用，也部分反映出当代大学生的爱国主义精神水平。相对的，同样也不乏受访者对有关问题的态度比较消极。有部分反映在思想层面，例如在"我具备爱国主义情感"的问题中，有4人选择了"不太同意"，同时有2人选择了"非常不同意"，这说明当今社会中大学生的思想高度虽然普遍能够达到社会的基本标准，但仍存在部分大学生对社会主流情感趋势的抵

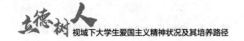

触，也说明了现行的爱国主义教育仍然有深入推进的空间，仍然是一个长期的、有斗争性的过程，仍然需要我们继续努力。另外有部分的消极选择存在于爱国主义行为层面，在这一方面，受访者的选择不仅受到爱国主义精神水平的影响，还与个人的性格等内在因素有关。

综合来看，不管是大学生自身的爱国主义素质，还是对待有关爱国主义教育活动的热情，抑或是学校开展爱国主义教育活动的方式方法，均不够完美，仍有一定的提升空间。以上研究对如何更好地开展爱国主义教育活动起到了一定的指导作用。

二、培育大学生爱国主义精神的路径建议

无论是根据大学生的问卷自评，还是基于学院学工管理者的观察访谈，我们都可以发现大学生爱国主义精神的培育与变化受到来自国家、社会、高校、教师、家庭、朋友、自身等多重因素的影响，这些影响有的可能是积极的，也有的可能是消极的。为此，针对上述问题，基于不同的主体立场，本文提出了有针对性地培育大学生爱国主义精神的策略，以期尽可能发挥各主体的正面影响作用，进一步强化和提升新时代大学生爱国主义精神水平。

（一）国家层面

1.强化制度和法治保障，积极推进爱国主义精神教育地方专项立法与政策制度保障

《新时代爱国主义教育实施纲要》明确要求："把爱国主义精神融入相关法律法规和政策制度，体现到市民公约、村规民约、学生守则、行业规范、团体章程等的制定完善中，发挥指引、约束和规范作用。"①国家宏观掌握和整体推进爱国主义精神教育的基础就是要强化制度和法治保障。实

---

① 中共中央、国务院：《新时代爱国主义教育实施纲要》，《人民日报》2019年11月13日第6版。

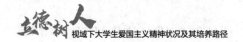
际上，在《中华人民共和国宪法》《中华人民共和国英雄烈士保护法》《中华人民共和国文物保护法》等诸多法律文件中，国家已将爱国主义精神融入其中。地方各级政府理应在国家法律的基础上，实事求是、与时俱进、因地制宜地推进爱国主义精神教育地方专项立法，并制定和出台一系列相配套的制度与政策，包括爱国主义精神教育的实施计划、实施方案、实施标准、管理规范、评估指南等，从而建立起一整套融"计划—实施—管理—评价"全过程的保障制度。只有拥有健全有力的爱国主义精神教育制度和法治保障，大学生爱国主义教育才能保证在全国范围内高质量、可持续性地开展。

2.确立核心教育内容体系，与时俱进地创新大学生爱国主义精神教育的内容体系

《新时代爱国主义教育实施纲要》明确指出："新中国是中国共产党领导的社会主义国家，祖国的命运与党的命运、社会主义的命运密不可分。当代中国，爱国主义的本质就是坚持爱国和爱党、爱社会主义高度统一。"[①]这是新时代爱国主义精神教育的基础内容与核心要求。为了确保爱国主义精神教育从上到下准确地传达，国家相关部门应确立爱国主义教育核心教育内容体系。从目前出台的《新时代爱国主义教育实施纲要》来看，新时代爱国主义精神教育包括以下八方面的内容："坚持用习近平新时代中国特色社会主义思想武装全党、教育人民。""深入开展中国特色社会主义和中国梦教育。""深入开展国情教育和形势政策教育。""大力弘扬民族精神和时代精神。""广泛开展党史、国史、改革开放史教育。""传承和弘扬中华优秀传统文化。""强化祖国统一和民族团结进步教育。""加强国家

---

① 中共中央、国务院：《新时代爱国主义教育实施纲要》，《人民日报》2019年11月13日第6版。

安全教育和国防教育。"①针对当代大学生的特点，大学生爱国主义教育核心内容体系可进一步细化，并应随着爱国主义精神内涵的持续丰富而不断创新。在新冠肺炎疫情防控过程中，中国共产党以人民为中心的施政理念、积极有效的防疫措施、对居心叵测的国际污蔑作出铿锵有力的回应等都应成为大学生爱国主义教育的新兴内容。确立大学生爱国主义教育核心内容体系，有利于指导全国各地、各类机构、各大高校明确爱国主义教育的重点内容与方向。

3.引领形成多方合作机制，构建全方位大学生爱国主义精神培养体系

通过此次调查，我们可以深刻认识到：大学生的爱国主义精神受到来自国家、社会、高校、家庭、他人、自身等各方面因素的影响，而且在学生看来，国家、社会的导向作用甚至比学校的导向作用更为显著，家风影响亦同样明显。因此，尽管大学生的主要生活和受教育场所是高校，高校也是培养大学生的第一责任主体，但是培养大学生爱国主义精神绝非仅为高校的责任，也绝非仅从大学开始，而是一项需要各方协作参与的、"从小到大"持续教育的系统化复杂工程。所以，国家应努力整合来自各级党委、各级政府、高等学校、中小学校、社会各界、家庭等各方力量，构建全方位大学生爱国主义精神培养体系，营造新时代爱国主义教育的浓厚氛围。

（二）高校层面

1.以立德树人为根本任务，将爱国主义教育充分融入高校思政教育和德育教育

爱国是本分，也是最基本的道德要求。新时代高校应以立德树人作为

---

① 中共中央、国务院：《新时代爱国主义教育实施纲要》，《人民日报》2019年11月13日第6版。

人才培养的根本任务，大力推进思政教育和德育教育。在推进思政和德育教育过程中，高校应将爱国主义置于至高无上的地位，将具备爱国主义精神视作培养大学生的最基本要求。一方面，高校应将爱国主义教育等相关课程作为必修课程，将爱国主义教育核心内容体系融入各专业人才培养方案，将是否具备爱国主义精神作为大学生思想政治品德考查和毕业要求的核心内容；另一方面，高校应指导各学科专业建立爱国主义教育与思政教育有机融合机制，明确大学生爱国主义教育的内容框架与课程体系，构建涵盖公共思政课、专业思政课、专业课程思政等在内的课程群，从而切实建立起大学生爱国主义精神教育培养体系。此外，高校应积极探索爱国主义教育与学生管理工作的高效协同机制，充分发挥辅导员等一线学生管理教师的作用，重视辅导员队伍思想政治水平的培养与提升。

2.以全面覆盖为最高目标，高校应坚持爱国主义精神培养"一个都不能少"

《新时代爱国主义教育实施纲要》明确要求："新时代爱国主义教育要面向全体人民、聚焦青少年……在普通高校将爱国主义教育与哲学社会科学相关专业课程有机结合，加大爱国主义教育内容的比重。"[①]当代大学生是社会主义建设者和接班人队伍中的中坚力量，他们是否具备并能否发挥爱国主义精神的强大力量对能否实现中华民族的伟大复兴有着极其重要的影响，因此，大学生成为新时代爱国主义教育的重点，全体大学生理应都具备爱国主义精神。通过调查，我们发现仍有极个别的大学生完全缺乏爱国主义精神，尽管数量是极少数，但是"极少数人的问题"也不能忽略，"千里之堤，毁于蚁穴"，高校特别要警惕"害群之马"，要精准突破，树立全面覆盖的目标，在爱国主义精神培养的道路上"一个都不能少"。

---

① 中共中央、国务院：《新时代爱国主义教育实施纲要》，《人民日报》2019年11月13日第6版。

3.以改革创新为核心动力，高校应坚决抵制形式主义，丰富和创新爱国主义教育资源与形式

当前爱国主义教育存在的一个突出问题就是教育的资源和形式不够丰富多样和新颖，不能及时地适应新媒体技术的发展和满足当代大学生的需求。进一步地审视国内其他知名高校的优秀爱国主义教育方式方法，大多运用了较为独特或丰富的资源，采用了较为新颖或有趣的形式。因此，高校应建立创新机制，大胆创新爱国主义教育资源与形式。一方面，引入和开发在线课程、微课、微视频等全媒体资源，通过各种新媒体技术的综合运用，提升爱国主义教育资源利用的便利度和学习的趣味性；另一方面，教师资源同样重要且不可或缺，高校应加强思想政治理论课教师队伍建设，注重高水平思政教师的培养与引进，充分发挥思政领域教学名师的榜样示范作用，利用名师打造一批爱国主义教育的精品共享课程，从而"让有信仰的人讲信仰，让有爱国之心的人讲爱国，让有报国之行的人讲报国"。除此之外，高校还应不断地创新爱国主义教育的形式，尤其是现场教学与实践教学等方式，充分挖掘和利用所在城市的红色教育与爱国主义教育基地资源，密切与文化机构、旅游景区、公益组织等的联系，推进教育、文化、旅游、公益等多维度融合；组织大学生前往革命纪念馆、烈士纪念设施、博物馆、展览馆、图书馆等爱国主义教育基地开展现场教学与实践参观，丰富拓展爱国主义教育校外实践环节。

（三）教师层面

1.以提高认知为关键，思政教师应加强新时代爱国主义精神内涵教育

正确的认知是行动的先导，只有在正确认识和理解事物发展规律的前提下，才能切实将理论付诸实践。从问卷调查和访谈调查的结果来看，当

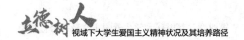

前有一部分大学生对新时代爱国主义精神内涵缺乏全面、科学、深刻的理解，更不能在实践中切实运用，因此，高校的思政教师应充分认识到提高大学生认知的重要性，加强新时代爱国主义精神内涵的教育，不断增强大学生对新时代爱国主义内涵的认识与理解，不断引导大学生树立和坚持正确的国家观、民族观、历史观，不断增强大学生对国家和民族的归属感、认同感、荣誉感。为此，一方面，思政教师应该加强对爱国主义精神内涵的系统化学习与研究，并探索将深刻内涵有机地提炼成教学语言，成为培育学生的生动养分；另一方面，在思政课程中，高校思政课教师应该专辟章节专题讲解新时代爱国主义精神内涵，并与具体实践相结合，让大学生理解其重要性及其现实意义。

2.以讲好故事为导向，思政工作者应结合实际工作讲好爱国故事

从一定程度上来说，高校的思政工作者（如分管学生工作的党委副书记、学工办主任、辅导员等）是与大学生接触最为密切的教师群体，工作在学生管理的最前线，对大学生的影响可能是最大的。因此，学生管理教师应以身作则、身体力行，结合实际的学生管理工作，讲好爱国故事。具体而言，可以尝试以下方式：①利用重大纪念活动讲。教师要充分挖掘传统节日、重大纪念日、重大历史事件蕴含的爱国主义教育资源，如清明节、端午节、"五四"青年节、"七一"建党节、"八一"建军节、"十一"国庆节、中国人民抗日战争胜利纪念日、烈士纪念日、南京大屠杀死难者国家公祭日等，讲述与之相关的爱国故事，引导广大学生牢记历史，缅怀先烈，面向未来，激发爱国热情，凝聚奋进力量；②利用爱国主义教育基地讲。教师要熟悉基地的资源及其背后的爱国故事，通过参观基地的设施设备，展览的图片、文物以及基地的英雄人物介绍等，激发学生爱国热情，强化爱国主义教育；③利用各类校内外实践活动讲。教师要利用"两个课堂"、主题班会、党日活动、团日活动、志愿服务等校内外实践活动讲好爱国故事，积极引导学生主动讲爱国故事、践行爱国行动，强化学生在爱国主义教育中的主动担当意识与服务奉献精神；④利用主旋律文艺作品讲。教师可向学生推荐主旋律读物（《中国共产党简史》《中华人民共和国简史》《改革开放简史》《社会主义发展简史》等）、主旋律影视作品（如《建国大业》《建党伟业》《觉醒年代》等）、主旋律展览等，开展读后感、观后感写作比赛或爱国故事演讲比赛等，让学生在阅读、观影、参展中，感受先辈们伟大的爱国主义情怀，自然而然地接受爱国文化熏陶，强化爱国主义教育。针对现在大学生爱刷社交媒体软件的行为习惯，高校的学生管理教师可以利用学习强国、《人民日报》、"人民网＋"客户端等官方媒体和平台，向学生推荐优秀的读物与视频，增强爱国主义情怀。

3. 以专业融合为基础，专业教师应探索专业课程与爱国主义教育的有机结合

在新时代，无论是理工类、医学类专业教师，还是人文社科类专业教师，都需要不断探索和创新课程思政改革。在教学改革中，专业教师理应加大爱国主义教育内容的比重，不断探索将爱国主义教育作为重要的课程思政元素融入教学体系的方式，推动专业课程与爱国主义教育的有机结合。具体而言，一是教育要"润物细无声"。如同课程思政的要求一般，专业课程中的爱国主义教育切不可牵强附会、生搬硬套，为爱国教育而教育，而是要结合具体的知识点顺其自然、春风化雨般地开展。二是教育要与专业知识点充分结合。专业教师亦不可为了强化爱国主义教育而满堂灌输，将专业课演变为思政课，而是要找到专业知识与爱国主义教育的契合点与平衡点，因时制宜、因地制宜、因人制宜地开展爱国主义教育。三是教育要与课程思政改革紧密结合。当前高校专业课程都在进行课程思政的改革，而爱国主义教育本质上是课程思政的重要组成部分。因此，专业课

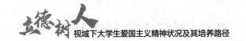

程改革应注重两者的充分结合，以降低教学改革的难度，增强爱国主义教育的切实效果。

（四）家庭层面

在问卷调查和访谈调查中，我们都可以发现家庭是影响大学生爱国主义精神的重要因素，例如：有11%的大学生认为影响自身爱国主义精神的最大因素源自家庭（见表2-30）；而且调查结果显示，直系亲属中有党员的大学生具备更为强烈的爱国主义情感，对新时代爱国主义精神内涵也有更充分的了解，并在主动宣传爱国主义方面更为积极（见表2-31、表2-32、表2-33）。然而，必须得承认的是，本书对家庭因素的调查与研究并不深入，对家庭中的爱国主义教育存在的不足不是特别明确。但是，家庭因素对大学生爱国主义精神的影响是毋庸置疑的。为此，从家庭层面考虑，文提出以下三点策略：

1.家长要从小重视孩子的爱国主义教育

《礼记·大学》曰："古之欲明明德于天下者，先治其国；欲治其国者，先齐其家；欲齐其家者，先修其身；欲修其身者，先正其心；欲正其心者，先诚其意；欲诚其意者，先致其知，致知在格物。物格而后知至，知至而后意诚，意诚而后心正，心正而后身修，身修而后家齐，家齐而后国治，国治而后天下平。"[1]中国传统文化深受这一思想影响，"修身、齐家、治国、平天下"成为中国人"四位一体"的人生目标，它们互不矛盾，也非割裂，而是相互影响、相互促进、相辅相成的关系。因此，家长要充分认识到从小培养孩子的爱国主义精神对孩子成长及其人生道路的重要意义。为此，家长要综合运用各种格言、故事、书刊、影视、爱国主义教育基地

---

① 胡平生、张萌译注：《礼记》（下），中华书局，2017，第1162页。

等资源，从小给小孩培植爱国主义的种子，成为孩子爱国主义培养的第一责任人。

2.树立和传承爱国好家风

中华民族历来注重家庭、家教与家风的塑造与传承。习近平总书记强调："家庭是人生的第一个课堂，父母是孩子的第一任老师。孩子们从牙牙学语起就开始接受家教，有什么样的家教，就有什么样的人。"①因此，在爱国主义教育中要格外注重优良家风的树立与传承。家长理应以身作则，强化自身的爱国主义情感与行动，言传身教，在家庭中营造良好的爱国主义氛围，树立和传承好爱国好家风，从而潜移默化地培育大学生的爱国主义精神。

3.青少年阶段是家庭爱国主义教育培育的关键时期

《新时代爱国主义教育实施纲要》不断强调青少年阶段在新时代爱国主义教育中的关键定位和重要作用，并作出了以下要求："新时代爱国主义教育要面向全体人民、聚焦青少年""要把青少年作为爱国主义教育的重中之重""要紧紧抓住青少年阶段的'拔节孕穗期'""组织动员老干部、老战士、老专家、老教师、老模范等到广大群众特别是青少年中讲述亲身经历，弘扬爱国传统"等。②诚然，青少年阶段的孩子一般还和父母一起居住，但是已经开始产生独立自主的意识，这个时期是孩子知识快速增长的时期，同时也是他们世界观、人生观、价值观形成的关键时期，还是一个人的叛逆期，容易受到网络、社会中各种不良信息或是不法分子的欺骗与错误引导。因此，这一时期良好的家庭教育至关重要，且无可替代。家

---

①　习近平：《在会见第一届全国文明家庭代表时的讲话》，《人民日报》2016年12月16日第2版。

②　中共中央、国务院：《新时代爱国主义教育实施纲要》，《人民日报》2019年11月13日第6版。

长应通过各种现实案例，积极引导青少年走向爱国主义道路，告诫他们如何分辨并坚决抵制污蔑、损害国家的言行，积极维护国家利益。但是，此时的教育切不可一味说教，要注重方式方法的科学性与合理性，尽可能地采用青少年能够接受或比较熟悉的资源与形式予以教育。

（五）学生层面

1.以务实行动为导向，大学生应积极将爱国主义精神转化为强国行动

习近平总书记强调："'知'是基础、是前提，'行'是重点、是关键，必须以'知'促'行'、以'行'促'知'，做到知行合一，既解决认识提高问题，又解决行动自觉问题。"[1]爱国不仅要"知"，还要"行"，更要"知行合一"。通过调查，我们可以发现当代大学生在爱国行为方面的意愿度有所欠缺，不敢自觉主动行动。因此，一方面，作为新时代的大学生应该加强自我教育，增强"四个意识"，坚定"四个自信"，树立主人翁意识，强化勇于担当和敢于奉献的精神，将个人的志向兴趣与国家发展、民族复兴紧密结合起来；另一方面，大学生应加强社会实践，积极以主人翁的使命担当组织和参加形式多样的爱国主义实践活动，如观看爱国主义教育影片、参观爱国主义教育基地、展览，参加相关纪念活动、志愿活动、公益活动、征文活动、演讲活动、文体活动，等等。总之，"知者行之始，行者知之成"，大学生应以务实行动为导向，积极将自身的爱国主义精神转化为付诸实践的强国行动。

---

[1]　中共中央文献研究室、中央党的群众路线教育实践活动领导小组办公室编《习近平关于党的群众路线教育实践活动论述摘编》，党建读物出版社、中央文献出版社，2014，第39—40页。

2.以自主参与为关键，大学生应主动参与爱国主义教育实践，充分发挥自身的主观能动性

通过调研发现，目前大学生大多是被动参与，甚至是被强制参与爱国主义教育活动，这样既容易犯形式主义错误，不利于爱国主义教育取得切实成效，实乃事倍功半之举，而且容易引起大学生的逆反心理，导致大学生对爱国主义教育产生错误认知与抵触情绪，造成恶性循环。要解决这一问题的关键就在于转变观念：大学生既是爱国主义教育的对象，也是爱国主义教育的主人翁。教师可以尝试将教育的一部分主动权交给学生，让学生在自主思考和自我觉醒的基础上，自行策划、自行组织、自行开展爱国主义教育活动，增强他们的主人翁意识以及在爱国主义教育活动中的参与感。如此一来，一方面，可以使爱国主义教育切实从学生的需求与特点出发，让学生真正参与其中并获得教育，从而提升爱国主义教育的实效；另一方面，还可以积极发挥青年大学生的无限创意，并引导大学生进行自我管理、自我服务、自我教育、自我监督、自我成长，全方面提升大学生的综合素养。

3.以学生党员为引领，充分发挥大学生党员群体的先锋模范带头作用

大学生党员是高校党员队伍的重要组成部分，也是新时代青年中的先进分子，还是大学生学习的榜样。在调研中发现，大学生的政治面貌与爱国主义精神有着密切的关联，整体上学生党员或预备党员的爱国主义意识、情感和行动都要好于共青团员或群众。因此，不断培养和发展大学生党员，发挥好大学生党员群体在爱国主义教育中的先锋模范带头作用至关重要。为此，首先，大学生党员要加强自身政治理论学习，严于律己、创先争优，不断强化自己对爱国主义精神内涵的理解，厚植爱国主义情怀；其次，大学生党员要主动担当，切实行动，在日常学习、工作和生活中积极向周边的同学、朋友和家人宣扬爱国主义，争做爱国主义行动的标杆，潜移默化地影响同学；最后，学生党员应建立与普通学生间的"帮扶"机制，特别是对部分爱国主义意识较为淡薄的同学，学生党员应将这部分同学视作"爱国主义精神培养中的困难户"，与他们保持密切联系并予以重点关怀与帮助，从而尽可能地强化同学们的爱国主义精神。

总之，青年强则国强，青年兴则国兴，青年皆爱国报国则国富民强。中国特色社会主义进入新时代，必须不断在青年群体，尤其是大学生群体中大力传承与弘扬爱国主义精神，把爱国主义精神教育贯穿国民教育体系全过程。作为新时代的大学生，理应将朴素意识、理性认知与行为认同相结合，厚植爱国情怀，做到知行合一，成为爱国主义精神最坚定的维护者、弘扬者、传播者和实践者。为此，国家、社会、高校、教师、家庭、学生等均应发挥各自的作用与影响力，以主人翁的态度在大学生爱国主义教育中积极作为，为实现中华民族伟大复兴而不懈奋斗。

附录一
大学生爱国主义精神状况和教育情况调查问卷

亲爱的同学：

您好！我们是A大学管理学院的课题组，为了弘扬爱国主义精神，加强大学生爱国主义教育，诚挚地邀请您填写这份问卷。本次问卷为匿名填写，您的回答仅作为学术研究，绝不外泄，请您放心！谢谢您的配合！

您的性别是 [单选题]＊

○A.男 　　　　○B.女

请问您目前的年级是 [单选题]＊

○A.大一 　　　○B.大二 　　　○C.大三 　　　○D.大四

○E.硕士研究生 　○F.博士研究生 　　　○G.其他_____＊

请问您所学专业的类别是 [单选题]＊

○A.人文社科类 　　　　○B.理工类 　　　　○C.医学类

○D.艺术、体育类 　　　　　○E.其他_____＊

请问您的政治面貌 [单选题]＊

○A.中共党员 　　○B.中共预备党员 　　○C.入党积极分子

○D.共青团员 　　○E.群众 　　○F.其他_____＊

请问您的直系亲属中是否有中共党员 [单选题]*

○A.有　　　　　　　　○B.无

我具备爱国主义情感 [单选题]*

○A.非常不同意　　　○B.不太同意　　　　○C.一般

○D.比较同意　　　　○E.非常同意

我赞同"国家兴亡，匹夫有责" [单选题]*

○A.非常不赞同　　　○B.不太赞同　　　　○C.一般

○D.比较赞同　　　　○E.非常赞同

我觉得爱国主义精神对个人发展重要 [单选题]*

○A.非常不同意　　　○B.不太同意　　　　○C.一般

○D.比较同意　　　　○E.非常同意

我觉得爱国主义精神对国家发展重要 [单选题]*

○A.非常不同意　　　○B.不太同意　　　　○C.一般

○D.比较同意　　　　○E.非常同意

我了解新时代爱国主义精神内涵 [单选题]*

○A.非常不同意　　　○B.不太同意　　　　○C.一般

○D.比较同意　　　　○E.非常同意

我参加过哪些爱国主义活动 [多选题]*

□A.参加爱国主义讲座　　　□B.参观爱国主义教育基地

□C.观看爱国主义教育影片　□D.阅览爱国主义书籍

□E.参加爱国主义征文、演讲、知识竞赛等活动

□F.参加爱国主义主题班会　□G.参观爱国主义展览

□H.从未参加　　　　　　　□I.其他_____*

（选从未参加）您不参加爱国主义活动的原因是 [单选题]*

○A.学业繁忙、没有时间　　○B.对活动不感兴趣

○C.认为内容没有意义　　　　○D.不知道有这类活动

○E.没有相关活动　　　　　　○F.其他＿＿＿＿＿＿＿★

我参加爱国主义活动的频率 [单选题]＊

○A.频繁(一周3次及以上)　　○B.经常(一周1~2次)

○C.有时(一个月1~2次)　　　○D.很少(半年或以上1~2次)

您一般通过什么方式参加爱国主义活动 [多选题]＊

□A.学校、班级等统一安排　　□B.自己主动参加

□C.陪亲友参加　　　　　　　□D.其他＿＿＿＿＿＿＿★

请根据您的感受,选出对下列问题的看法 [矩阵量表题] ★

在现实生活中看到不爱国的言论或行为时,我愿意采取行动(如驳斥、制止、回击等)[单选题]＊

○A.非常不愿意　　　　○B.不太愿意　　　　○C.一般

○D.比较愿意　　　　　○E.非常愿意

我愿意在日常学习生活的实践中弘扬爱国主义精神 [单选题]＊

○A.非常不愿意　　　　○B.不太愿意　　　　○C.一般

○D.比较愿意　　　　　○E.非常愿意

我愿意主动向他人宣传爱国主义 [单选题]＊

○A.非常不愿意　　　　○B.比较不愿意　　　○C.一般

○D.比较愿意　　　　　○E.非常愿意

我接受过哪些学校开展的爱国主义教育 [多选题]＊

○A."青年大学习"等网上党课、团课

○B.学校组织的爱国主义教育活动

○C.教师/辅导员开展的爱国主义教育班会

○D.与爱国主义相关的思政课

○E.从未参加

○F.其他_____★

（选择从未参加）您不接受爱国主义教育的原因是什么［单选题］*

○A.学业繁忙、没有时间　　　　○B.不感兴趣

○C.认为内容没有意义　　　　　○D.不知道相关的教育信息

○E.学校没有开展爱国主义教育　○F.其他_____★

我接受学校爱国主义教育的频率［单选题］*

○A.频繁（一周3次及以上）　　　○B.经常（一周1~2次）

○C.有时（一个月1~2次）　　　　○D.很少（半年或以上1~2次）

我一般从哪些渠道获得爱国主义教育资源［多选题］*

○A.国家提供　　　　　　　　　○B.学校提供

○C.老师/辅导员提供　　　　　　○D.社会组织提供

○E.同学、朋友推送　　　　　　○F.其他_____★

我觉得自身的爱国主义精神受哪个方面影响最大［单选题］*

○A.国家、社会导向　　○B.学校教育　　○C.家庭影响

○D.同学、朋友影响　　○E.其他_____★

我更喜欢哪种类型的爱国主义教育资源（至多选2个）［多选题］*

○A.纸质图书、报纸、期刊等　　○B.电子图书、报纸、期刊等

○C.音视频资源　　　　　　　　○D.爱国主义教育基地

○E.其他_____★

我平时学习爱国主义的平台有［多选题］*

□A.社交软件（QQ、微信等）

□B.影视网站（如腾讯视频、哔哩哔哩等）

□C.学习软件（如学习强国、学习通等）

□D.纸质图书、报纸、期刊等

□E.新闻网站及软件

□F.短视频平台（如抖音、快手等）

□G.其他 _____ ★

请您根据自身的实际感受，选择对下列陈述的态度[矩阵量表题]★

我觉得学校爱国主义教育活动丰富[单选题]*

○A.非常不同意　　　○B.不太同意　　　○C.一般

○D.比较同意　　　○E.非常同意

我对老师讲授的爱国主义教育内容感到满意[单选题]*

○A.非常不同意　　　○B.不太同意　　　○C.一般

○D.比较同意　　　○E.非常同意

我对学校的爱国主义教育资源感到满意[单选题]*

○A.非常不同意　　　○B.不太同意　　　○C.一般

○D.比较同意　　　○E.非常同意

我觉得学校的爱国主义教育存在形式主义[单选题]*

○A.非常不同意　　　○B.不太同意　　　○C.一般

○D.比较同意　　　○E.非常同意

我觉得学校爱国主义氛围浓厚[单选题]*

○A.非常不同意　　　○B.不太同意　　　○C.一般

○D.比较同意　　　○E.非常同意

总体上我对学校的爱国主义教育感到满意[单选题]*

○A.非常不同意　　　○B.不太同意　　　○C.一般

○D.比较同意　　　○E.非常同意

我希望有更多新技术（如VR、人工智能等）融入爱国主义教育[单选题]*

○A.非常不同意　　　○B.不太同意　　　○C.一般

○D.比较同意　　　○E.非常同意

我希望有更加专业的爱国主义教育的老师 [单选题]*

○ A. 非常不同意   ○ B. 不太同意   ○ C. 一般

○ D. 比较同意   ○ E. 非常同意

我希望有更加丰富有趣的爱国主义教育形式 [单选题]*

○ A. 非常不同意   ○ B. 不太同意   ○ C. 一般

○ D. 比较同意   ○ E. 非常同意

我希望日常课程中融入更多爱国主义教育元素 [单选题]*

○ A. 非常不同意   ○ B. 不太同意   ○ C. 一般

○ D. 比较同意   ○ E. 非常同意

我希望增强爱国主义课程的趣味性 [单选题]*

○ A. 非常不同意   ○ B. 不太同意   ○ C. 一般

○ D. 比较同意   ○ E. 非常同意

我希望有更多专门的爱国主义社团及组织 [单选题]*

○ A. 非常不同意   ○ B. 不太同意   ○ C. 一般

○ D. 比较同意   ○ E. 非常同意

您对加强大学生爱国主义教育还有什么建议 [填空题]*

_____

附录二
大学生爱国主义精神教育访谈提纲

面向学工负责人和资深辅导员：

（1）您认为加强大学生爱国主义教育的意义有哪些？（个人，社会，国家……）

（2）您觉得我们大学生的爱国主义精神整体水平如何？（为什么，举例子）

（3）您所在的学院／部门在关于大学生爱国主义教育方面有过什么举措？（举例子）

（4）您所在的学院／部门是否有开设相关的课程或者课程内容？（举个例子：开了什么课，什么内容）

（5）您如何评价学校在爱国主义教育方面的工作成效？（为什么？）

（6）您未来在强化爱国主义教育方面有什么打算或计划？

（7）您觉得目前学校在加强大学生爱国主义教育方面存在的问题有哪些？

（8）您对当代大学生爱国主义精神的期待是什么？

附录三
高校思政工作者访谈录

本书访谈了13位高校思政工作者，包括6位分管学生工作的学院党委副书记、7位学工办主任。征得访谈者同意，将他们的访谈录记述如下：

一、A主任访谈录

问：请问您认为加强大学生爱国主义教育的意义有哪些？例如在个人层面、社会层面和国家层面分别有哪些意义？

答：爱国主义教育是我国一项基本的国民教育，是高等教育的一个重要主题。当代大学生是中国未来的中流砥柱，他们的思想素质直接影响到未来中国的素质，培养他们的爱国主义精神，提高他们的爱国主义觉悟，有利于帮助他们树立正确的世界观、人生观和价值观，把个人发展与国家前途、民族命运联系在一起，正确处理好国家、集体、个人三者的利益关系，为国家和民族而刻苦学习。爱国主义教育的关键是通过各种有效途径帮助大学生了解祖国的过去，认识祖国的现在，展望祖国的未来，以此激励大学生珍视中华民族的光辉历史，为中华民族伟大复兴而不懈奋斗。

问：请问您觉得我们大学生的爱国主义精神整体水平如何？

答：中等偏强。在面对外来敌对势力和大是大非问题时，大部分大学生都能够体现出爱国主义精神；但在面临个人利益和集体利益冲突时，有部分大学生会优先选择个人利益。

问：请问您所在的学院在关于大学生爱国主义教育方面有过什么举措？

答：常态化开展"学党史""弘扬爱国主义精神"等主题教育活动，如演讲比赛、知识竞答、征文比赛、红歌赛等。

问：请问您所在的学院是否有开设相关的课程或者课程内容？

答：有。比如中国近代史纲要、形式与政策等，前者引导大学生了解国家的历史，以史为鉴，鼓励大学生奋发图强；后者结合时事热点，宣传党的路线方针政策，引导大学生把自我成长成才与国家发展相结合。

问：请问您如何评价学校在爱国主义教育方面的工作成效？

答：整体成效较好。因为有系统的课程以及"主题教育"系列活动，能够有效引导学生形成正确的爱国主义精神；但也有不足，因为学生的世界观、人生观、价值观受到很多因素的影响，学校、家庭、社会等因素的影响，且是一个长期过程，想仅仅通过大学教育来完全改变一部分学生错误的"三观"是不够的。

问：请问您未来在强化爱国主义教育方面有什么打算或计划？

答：按照学校的整体思想政治教育教学安排以及思政主题活动，尽力而为。

问：请问您觉得目前学校在加强大学生爱国主义教育方面存在的问题有哪些？

答：没有形成社会、家庭、学校联动机制，即当大学所宣传引导的大学生爱国主义教育内容和社会价值、家庭价值取向不一致时，大学生爱国主义教育的效果将会大打折扣。

问：请问您对当代大学生爱国主义精神的期待是什么？

答：能够充分认识到个人发展与国家发展是有紧密联系的，国家的发展能够为个人的发展提供必要的外部环境，离开这个大的外部环境，个人发展将受到极大限制，所以需要以千万个"小我"自觉地追求进步，朝着成就"大我"整体发展的目标努力奋斗。

二、B主任访谈录

问：请问您所在的学院是否有开设相关的课程或者课程内容？

答：有的，一直开设形势与政策课，课程内容涉及国家大政方针、时事热点等。

问：请问您觉得目前学校在加强大学生爱国主义教育方面存在的问题有哪些？

答：缺乏系统性，教育形式较为单一。

问：请问您对当代大学生爱国主义精神的期待是什么？

答：修身，齐家，治国，平天下。

三、C主任访谈录

问：请问您认为加强大学生爱国主义教育的意义有哪些？例如在个人层面、社会层面和国家层面分别有哪些意义？

答：大学生是社会的栋梁，是社会主义建设的接班人，因此加强大学生爱国主义教育具有非常重大的意义。只有弘扬爱国主义精神，才能拧成一股绳，力往一处使，为中华民族伟大复兴作出自己的贡献。

问：请问您觉得我们大学生的爱国主义精神整体水平如何？

答：我觉得在"00后"大学生群体中，爱国主义精神整体水平有很大的提升。比如从他们常浏览的B站等平台可以发现，大学生的爱国热情较高，而且还有浓浓的民族自信心，很多人也爱看《那年那兔那些事儿》等弘扬正能量的动画片，也勇于和辱华事件做斗争，等等。

问：请问您如何评价学校在爱国主义教育方面的工作成效？

答：很有成效。但是因为某些原因，比如强制学习打卡等，导致效果打折。

问：请问您未来在强化爱国主义教育方面有什么打算或计划？

答：作为和学生走的最近的一拨人，应该多倾听学生的意见，以他们能接受的方式强化爱国主义教育，比如对时事热点探讨的思想引领，少些说教，多些入情入理的分析；推荐一些不错的正能量影片给学生，比如《觉醒年代》《山海情》《理想照耀中国》等口碑不错的影视剧，引起年轻学生的共鸣。

问：请问您觉得目前学校在加强大学生爱国主义教育方面存在的问题有哪些？

答：常规工作做得多，创新不足。受众多，但成效达不到预期。

四、D主任访谈录

问：请问您认为加强大学生爱国主义教育的意义有哪些？例如在个人层面、社会层面和国家层面分别有哪些意义？

答：加强大学生爱国主义教育能够帮助学生树立正确的"三观"，走好人生道路；帮助社会形成良好的风气；帮助国家培养合格建设者和可靠接班人。

问：请问您觉得我们大学生的爱国主义精神整体水平如何？

答：我觉得整体上还是不错的，在大是大非面前能够站好队，比如涉及中国台湾问题、新冠肺炎疫情防控问题等，能够展现良好的精神风貌。个别情况下，个别同学不一定能辨别某些事件背后的境外反华势力的

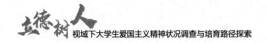

盅惑。

问：请问您所在的学院在关于大学生爱国主义教育方面有过什么举措？

答：开展主题班会、主题党日活动、形势与政策宣讲、专题知识竞赛、红歌赛等。

问：请问您所在的学院是否有开设相关的课程或者课程内容？

答：有的，比如形势与政策课，主要分析近期国内外时事政治热点和国家最新政策动向。

问：请问您如何评价学校在爱国主义教育方面的工作成效？

答：理论上，既有上级教育部门安排的相关活动，又有本校主动开展的各项活动，成效不错。实际上，个别活动存在要求全员截图、答题率100%且得分90分以上的强制举措，作为学工人，能够理解，但希望能开展更多学生愿意主动积极参与的活动。

问：请问您未来在强化爱国主义教育方面有什么打算或计划？

答：开展更多学生喜闻乐见的活动。

问：请问您觉得目前学校在加强大学生爱国主义教育方面存在的不足有哪些？

答：考试月摊派性活动较多，应考虑学生实际，合理规划活动时间。

问：请问您对当代大学生爱国主义精神的期待是什么？

答：有正能量，爱中国共产党、爱中国、爱中国人民，能学会用辩证的、发展的、客观的眼光看待目前仍存在的问题，对未来充满期待，对中华民族伟大复兴充满信心。

五、E主任访谈录

问：请问您认为加强大学生爱国主义教育的意义有哪些？例如在个人层面、社会层面和国家层面分别有哪些意义？

答：大学生作为实现中国梦的生力军，正处于世界观、人生观、价值观确立和形成的重要时期，对大学生开展好爱国主义教育具有重大时代意义。第一，为实现中国梦提供精神支柱和精神动力。中国梦是近代以来中华儿女的共同夙愿，体现了中华民族根本利益。加强大学生爱国主义教育能够引导大学生自觉肩负起实现中国梦的使命，使爱国主义精神在大学生心中牢牢扎根，为大学生奋斗提供源源不断的强大精神力量。第二，推动社会主义精神文明建设。爱国主义教育是新时代精神文明建设的基础性工程，而大学生爱国主义教育更是重中之重。大学生正处于思想道德修养提高的关键阶段，其思想道德修养的高低关系着社会主义精神文明建设的成败与全民族文明素养的高低。因此，新时期加强大学生爱国主义教育能够引导大学生树立爱国之德，提高思想道德修养，肩负引领社会风气的责任，推动社会主义精神文明建设。第三，引导大学生实现个人梦与中国梦的统一。弘扬家国情怀，为国家、民族发展不懈奋斗，是中国大学生的光荣责任与义务。当前，我们比历史上任何时期都更接近中华民族伟大复兴的目标，比历史上任何时期都更有信心、有能力实现这个目标。新时期加强大学生爱国主义教育能够使大学生认识到自身的前途命运和国家、民族前途的命运密切相关。中国梦的实现需要大学生，但中国梦也成就了大学生，它引导大学生更好地将个人梦融入中国梦当中，以个人梦推动中国梦的实现，在中国梦的实现过程中实现个人价值。

问：请问您觉得我们大学生的爱国主义精神整体水平如何？

答：爱国主义已成为大学生普遍认同和坚持的价值追求。进入中国特色社会主义新时代，我国取得脱贫攻坚和抗击新冠肺炎疫情的伟大胜利，成就举世瞩目，彰显了中国特色社会主义制度优势和治理优势，爱国主义热情更是空前高涨。

问：请问您所在的学院在关于大学生爱国主义教育方面有过什么举措？

答：①以思想教育为核心，厚植爱国主义情怀。比如要求自觉下载学习强国App学习，组织参加"四史"学习教育，学习伟大的抗疫精神和英模先进事迹，学习英雄、尊崇英雄、争做英雄，激发大学生爱国热情，厚植爱国主义情怀。②以活动为载体，不断探索爱国主义教育新途径。先后开展"同心'战'疫，党员先行"等主题党日活动，与省政协机关党委联合开展"政协机关联院校"党建结对共建，参观红色文化馆，瞻仰江西革命烈士纪念堂，传承红色基因，赓续爱国主义精神血脉。

问：请问您所在的学院是否有开设相关的课程或者课程内容？

答：开设了形势与政策课，有"绘就新蓝图，奋进新征程""打好科技自立自强的'主动仗'""收官'十三五'，实现新跨越"等专题。

问：请问您如何评价学校在爱国主义教育方面的工作成效？

答：总体上取得良好效果，但在具体的方式方法上还有待进一步改进，大学生更喜欢形式新颖的爱国主义教育活动，乐于在潜移默化中接受爱国主义熏陶。

问：请问您未来在强化爱国主义教育方面有什么打算或计划？

答：把爱国主义教育和大学生的日常学习、工作、生活有机结合起来。

问：请问您觉得目前学校在加强大学生爱国主义教育方面存在的问题有哪些？

答：形式主义、急于求成，没有让教育真正走进学生心田。

问：请问您对当代大学生爱国主义精神的期待是什么？

答：既要仰望星空，又要脚踏实地，把爱国主义精神转化为实现中华民族伟大复兴的不竭动力。

六、F主任访谈录

问：请问您认为加强大学生爱国主义教育的意义有哪些？例如在个人层面、社会层面和国家层面分别有哪些意义？

答：加强爱国主义教育，从个人层面来说，只有激发个人爱国热情，才有学习动力、学习目标和学习方向；从社会层面来说，爱国主义教育做得好，社会才能井然有序；从国家层面来说，加强爱国主义教育，才能引导公民树立正确的世界观、人生观、价值观。

问：请问您觉得我们大学生的爱国主义精神整体水平如何？

答：整体还可以。比如在新冠肺炎疫情防控这件事上，全体大学生还是非常有责任感和使命感的，有的学生做志愿者，有的学生积极配合防控工作，有的同学积极向周边的人宣传防疫知识，这也是爱国的另一种表现。

问：请问您所在的学院在关于大学生爱国主义教育方面有过什么举措？

答：带领学生参观A大学红色文化馆，激发同学们的爱国热忱；开展学党史演讲比赛；等等。

问：请问您所在的学院是否有开设相关的课程或者课程内容？

答：学院曾经上过一堂入党誓词微党课，了解入党誓词的发展历程，是开展爱国主义教育的一个方面。

问：请问您如何评价学校在爱国主义教育方面的工作成效？

答：成效显著，因为同学们在维护国家荣誉和利益上表现得很积极。

问：请问您未来在强化爱国主义教育有什么打算或计划？

答：继续推进学习党史相关内容和课程，以强化爱国主义教育。

问：请问您觉得目前学校在加强大学生爱国主义教育方面存在的不足有哪些？

答：暂时未发现。实在要说的话，就是期待更多的现场教学或者更多形式的爱国主义课程，而非仅仅限于课堂理论灌输。我们应带领更多同学到红色教育基地去接受爱国主义教育。

问：请问您对当代大学生爱国主义精神的期待是什么？

答：希望大学生树立远大理想，将在实现个人梦的过程中实现中国梦。

七、G主任访谈录

问：请问您觉得目前学校在加强大学生爱国主义教育存在的不足有哪些？

答：一是缺乏互动性。我们的教育方式方法都是单向输出，学生有没有"输入"或者说有没有"接收"根本就不知道。二是缺乏引领性。我们的课程、活动，并不一定都是学生喜闻乐见的。

问：请问您对当代大学生爱国主义精神的期待是什么？

答：真正发自内心的爱国是将爱国根植于心。

八、H书记访谈录

问：请问您认为加强大学生爱国主义教育的意义有哪些？例如在个人层面、社会层面和国家层面分别有哪些意义？

答：个人层面：有利于大学生牢固树立正确的世界观、人生观和价值观，增强民族自尊心和自豪感，有利于深刻领悟"两个确立"的决定性意义，牢记"国之大者"，增强"四个意识"、坚定"四个自信"。社会层面：

有利于增强大学生的社会责任感，让大学生更深刻认识到有国才有家。国家层面：有利于文化传承和国家发展。

问：请问您觉得目前学校在加强大学生爱国主义教育存在的不足有哪些？

答：实效不强，课堂教学学生不感兴趣，实地教学走马观花。

问：请问您所在的学院在关于大学生爱国主义教育方面有过什么举措？

答：一般是结合党建工作以及社会实践活动开展爱国主义教育，主要以参观红色文化教育基地的方式开展。

问：请问您所在的学院是否有开设相关的课程或者课程内容？

答：开设了形势与政策课，课程内容主要由马克思主义学院相关教师统一教授。

问：请问您如何评价学校在开展爱国主义教育方面的工作成效？

答：近两年效果较好，尤其是前年开始的红色家书诵读活动、去年开始的红色走读活动以及今年结合党史学习教育开展的系列活动，都起到了较好的效果。

问：请问您未来在强化爱国主义教育方面有什么打算或计划？

答：与学生思想政治教育紧密结合，与党建工作相结合。

问：请问您觉得目前学校在加强大学生爱国主义教育方面存在的不足有哪些？

答：文化活动相对缺失，实地实践教学等覆盖面太小，只靠课堂教学效果不明显。

问：请问您对当代大学生爱国主义精神的期待是什么？

答：有较强的主人翁精神，在实现中华民族伟大复兴的中国梦上有舍我其谁的气概。

九、I书记访谈录

问：请问您觉得目前学校在加强大学生爱国主义教育方面存在的不足有哪些？

答：一是系统化不够。目前大学生爱国主义教育存在碎片化，未形成系统化教育培养体系。二是实践化不够。目前爱国主义教育仅停留在理论教育，未真正达到行动上爱国的目的。三是结合程度不够。爱国主义教育与专业教育要形成有效结合，目前存在"两张皮"的现象。

问：请问您觉得我们大学生的爱国主义精神整体水平如何？

答：我觉得"00后"大学生整体爱国热情是胜过"70后""80后"的，对祖国是高度认同的。但是也有极少部分大学生被一些错误思想舆论误导，"三观"有偏差，这是我们思政工作者需要纠正的。

十、J书记访谈录

问：请问您认为加强大学生爱国主义教育的意义有哪些？例如在个人层面、社会层面和国家层面分别有哪些意义？

答：爱国主义是中华民族的光荣传统，是推动中国社会前进的巨大力量，是各族人民共同的精神支柱，同时也是中国培养"四有"新人的基本要求。爱国主义教育是我国一项基本的国民教育，加强大学生爱国主义教育，培养其爱国主义思想，对其成长有着重要意义。从个人角度看，爱国主义教育能够激发青年学生的报国之志，激励青年学生努力学习，成为促进学生更好地完成学业。根据一些调查资料显示，当前大学生对祖国缺乏深刻了解，对祖国的历史、马列主义理论等都知之不多，在面对一些历史和现实问题的时候，不能科学、理性和正确地分析看待。所以，加强爱国主义教育，能够让大学生在了解祖国历史的同时，认识祖国的现在，展望祖国的未来。从社会角度看,由于社会经济成分、组织形式、就业方式日益多样化,人们思想的独立性、选择性、多变性和差异性明显增加;市场经济活动存在的弱点及其带来的消极影响,反映到思想意识和人际关系中,容易诱发自由主义、分散主义、拜金主义、享乐主义等。大学生正处在迅速走向成熟而又未真正成熟的阶段,缺乏明辨是非的能力,他们的世界观、人生观、价值观容易受到不良风气的影响。同时,大学生是中国未来的中流砥柱。他们的价值取向决定了未来整个社会的价值取向,培养他们的爱国主义精神,筑牢他们的爱国主义思想,有利于形成一个积极向上的爱国主义氛围。从国家角度看,随着我国综合国力的不断提升,中国已经成为世界舞台上不可或缺的一员。在这个舞台上,如何更好地履行自己的职能,展现中国智慧,需要我们每个人努力。目前,世界已进入以科技和知识作为资源和生产要素的知识经济时代,我们必须加强大学生爱国主义教育,让他们将自身命运同国家发展、民族复兴联系起来,不断拓宽自己的知识面,提升自己的能力,为国家富强昌盛作出贡献。

问:您觉得我国大学生的爱国主义精神整体水平如何?

答:我认为大学生的爱国主义精神水平整体良好。爱国主义精神在大学生的精神世界中占有重要地位,他们对祖国的热爱深厚浓烈,对中国特色社会主义有比较多的认同,在对待事务的态度上也能够鲜明地体现出来,在实际行动中特别是事关国家、民族命运的关键时刻有着高度张扬的体现。但是,大学生中的不同人群对祖国的情感并不完全一样。本科毕业班学生受到就业等问题的困扰,消极情绪更多一些。哲学和经济学等学科属于社会科学,其学科体系的建构和学术问题的研究以马克思主义为指导,这些学科的学生应当比其他学科的学生受到更多的马克思主义理论和世界观的教育,对国家应当有更深沉的感情。

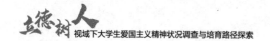

问：请问您所在的学院在关于大学生爱国主义教育方面采取了什么举措？

答：举办了各项活动，例如观看"庆祝中国共产党成立100周年大会"以及开展"学党史、强信念"系列党史宣讲会、党史答题竞赛和征文活动等。活动旨在让同学们学习党的百年历史，不断形成学习亮点，改进和加强新时代爱国主义教育方式方法。同时理论联系实际，在实践中加深对党的初心使命的理解，切实学习党的优良作风。通过学院官方公众号推广各类人物英雄事迹，让爱国主义教育融入同学们的生活，以真实的英雄故事引领学生坚定爱国主义信念。通过宣传，让同学们深刻认识到：作为一名当代大学生，我们要学习革命先辈那种艰苦奋斗的精神，学习他们不为艰难、锐意进取的坚强意志和思想品格，争取早日为祖国的繁荣富强贡献自己的一分力量。

问：请问您所在的学院是否开设了相关的课程？

答：开设了形势与政策课、中国战"疫"大思政课等。课程主要是让同学们了解时政新闻，关心国家大事，感受中国特色社会主义的强大生命力，感受中国共产党的伟大决策和伟大精神。通过课程将思想教育融入同学们的日常生活和学习中，加强大学生的爱国主义教育，培养大学生爱国主义情感，提高大学生爱国主义觉悟，对大学生成长成才有着重要意义。

问：请问您如何评价学校爱国主义教育工作的成效？

答：当前，大学校园里基本都是"90后""00后"的青年大学生，他们正处于世界观、人生观、价值观不断成熟和逐步完善的重要阶段。爱国主义教育是学校教育不可或缺的主题。学校在激发学生爱国情怀、提升学生思想素质方面起到了很重要的作用。在教学过程中，还加强了同学们对当地人文地理的了解，提高了同学们的民族自豪感。当前学校的爱国主义教育取得了很大成绩，但也存在着教育形式单一、内容陈旧空洞、缺乏系统性等问题，导致同学们的学习效率不高，教育成果不深刻。产生这些问题的主要原因是西方意识形态和价值观的巨大冲击、网络信息碎片化与去中心化的挑战等。因此，要大力提高教育管理者与教师的爱国主义教育意识，实现学校爱国主义教育和家庭、社会爱国主义相结合，使爱国主义教育形式多样化、实效化。总体而言，我认为学校爱国主义教育对大学生具有深远的影响，取得的积极成效也毋庸置疑。

问：请问您未来在强化爱国主义教育工作中有什么打算或计划？

答：①完善民族自信教育，提高公民民族意识，民族自信教育应贯穿我国各项爱国主义教育活动，让每位中国公民都以本国身份而自豪。②加强社会和各类媒体的爱国宣传力度，增强全民爱国意识。信息传播的现代化大大加快了社会发展的进程，优化社会育人环境是全社会义不容辞的责任和义务。③加强青少年爱国主义教育，提升中国未来国富民强的实力。

问：请问您觉得目前学校在加强大学生爱国主义教育中存在的不足有哪些？

答：第一，受西方主流意识价值观的影响，我国的爱国主义思想被弱化。全球化进程加速的今天，西方社会文化对中国的渗透影响更为明显，某些观念对当代大学生思维和思维方式的冲击削弱了学生们的爱国主义思想。第二，重视程度不够，爱国主义教育意识不够强烈。部分学生对本国历史的不了解，使得民族意识和爱国主义思想在某种程度上被弱化了，并且在当前教育模式下，学校的课程设置中并没有突出爱国主义教育，对爱国主义教育的重视程度不够。

问：请问您对当代大学生爱国主义精神的期待是什么？

答：大学生应当把爱国主义真正地放在心中，培育起爱国主义精神。爱国主义的含义不仅包含对祖国的同胞有强烈的认同感，同时也包含对祖国的成就和文化感到自豪，要维护改革发展稳定的大局。爱国主义不能感情用事，而要从大局出发，理性行动。要树立民族自尊心和自豪感，相信我们伟大的祖国，努力建设祖国，使我们中华民族能自尊、自信、自强地屹立于世界民族之林。要坚持求真务实的科学精神和团结协作、艰苦奋斗、脚踏实地的作风，在日积月累的基础上寻求突破。要积极投身社会实践，深入实际，深入群众，在了解社会的基础上提出真知灼见。弘扬爱国主义精神，最重要的是要始终把祖国和人民放在心中，立足中国，放眼世界，坚持从推动国家发展和创造人民幸福生活的需要出发，不断在为祖国和人民的奉献中实现自己的理想和人生价值。

十一、K主任访谈录

问：请问您认为加强大学生爱国主义教育的意义有哪些？例如在个人层面、社会层面和国家层面分别有哪些意义？

答：爱国主义是我们中国优秀传统文化很重要的一个组成部分，是根植于我们每一个中国人血脉里的一种思想情感、一种道德情操。我想一个国家、一个民族，特别是我们中华民族，拥有五千多年的历史，并一直能延续到现在，很重要的一点原因就是我们拥有深厚而热烈的爱国主义情怀。从个人、社会、国家等层面来看，提倡爱国主义是非常有必要的。从个人来讲，爱国主义精神是一个人的精神境界，是一个人思想道德素质很重要的一个表现。在社会的发展当中，每个人都是国家的一个组成部分，如果每个人都具有爱国主义精神，对社会的发展、个人的成长都是非常有帮助的。在社会主义核心价值观的个人层面，爱国是放在最前面的，爱国、敬业、诚信、友善。所以从个人责任与义务层面来说，爱国主义是一个基本的要求，对个人品质的完善、个人未来的发展都有非常重要的意义。从社会层面来看，爱国主义的发展、爱国主义的提倡以及爱国主义精神的普及，都离不开社会的支撑。只有全社会都去营造一种爱国主义的氛围，整个社会才会充满民族的自豪感、自尊心、自信心。要从社会层面树立一种昂扬向上的民族精神、民族气节。从国家的层面来说，一个国家要走在时代的前列，必须要发挥爱国主义的引领作用，一个国家只有所有的社会成员都把爱国、奉献、团结作为一个追求奋斗的目标，这个国家才能充满永续的发展动力。所以在个人、社会、国家层面，我觉得都需要大力提倡和发扬爱国主义。

问：请问您觉得我们大学生的爱国主义精神整体水平如何？

答：我个人从事学生管理工作20多年，接触的学生有七八千人。总体感觉从我刚参加工作的20世纪90年代，到现在21世纪20年代，我们大学生的爱国主义情怀，如对国家的感情应该是非常浓厚的。他们对中华优秀传统文化、党和国家路线方针、国家政策、中国特色社会主义事业等都是非常认可的。举个例子来说，2008年汶川大地震发生的时候，汶川需要全国人民的支持和帮助。这个时候我们的大学生展现出了高度的关注和关心，伸出自己的援助之手，捐款捐物，积极主动到抗震前线当志愿者。从最近来说，新冠肺炎疫情发生之后，全国的大学生也是走在前面，遵守法律规定，并且投入抗疫防疫工作，像我们管理学院的一些党员、入党积极分子，甚至是普通学生，都根据自己的条件，在所在的社区做一些志愿者活动，比如协助当地的社区去做一些防疫宣传工作，即使宅在家里，也还是按照学校学院的要求，向周围的人普及防疫知识，并且坚持线上上课，用自己的行动来为抗疫工作作贡献。我想这也是爱国主义很具体的一种表现，爱国主义不是空洞的，而是一些看得见的具体的实际行动。所以我感觉大学生总体上爱国主义精神水平还是比较高的，爱国情怀也比较浓厚，绝大多数同学都热爱自己的祖国。我在和同学们的日常接触和平时的了解中发现，同学们对国家大事方针政策的认识，比如涉及一些国家与国家之间出现分歧或是矛盾，需要表明自己态度的时候，他们还是能够站在国家

民族的利益之上，维护国家的利益。同学们在网上也能够理智地对待一些
负面的、别有用心的发言，做到不围观、不转发，主动抵制，这也是一种
爱国行为，也是一种爱国的具体体现。

问：请问您所在的学院在关于大学生爱国主义教育方面采取过什么
举措？

我们学院按照党中央、学校党委以及学院党委的要求，认真地落实全
国教育工作会议精神，把"立德树人"作为根本目标，把为党育人、为国
育才作为我们工作的一个落脚点和奋斗目标。在思想政治工作中通过多种
形式融入爱国主义教育。比如形式与政策课侧重向同学们介绍有关于国家
的大政方针内容，帮助同学们认识我国国情；职业生涯规划课鼓励同学们
把自己的职业和国家的发展结合起来，这也是对学生进行爱国主义教育的
一种方式方法。还有我们的社团活动，也是很重要的一块。在一些活动
中，如在主持人大赛里面设置介绍我们的家乡等环节，引导大家认识自己
的家乡，培育家国情怀。还有我们的红歌大赛。我们还有思政课，在思政
课中融入爱国主义情怀。所以说我们学院从课堂到课外课教学再到课外，
都是在用不同的形式来开展爱国主义教育。当然这种教育有不同策略，让
同学们从不同的方面去感悟祖国，把自己个人的发展跟国家的发展、社会
的发展结合起来，感知社会，融入社会，增强学生的爱国志、强国情、报
国行。爱国主义体现在爱党、爱社会主义，是多方面的。这是我们在尝试
过程当中的一个方向，或者说我们已经做了一些探索，今后我们还会有意
识地加强这些工作，我们还通过重要的节日、国家重大的纪念活动来提升
爱国主义教育，比如说纪念改革开放四十周年时，我们通过组织学生收听
收看相关直播活动，让同学们去学习、去感受社会的发展进步；还有"四
史"教育、重走长征路这种教育活动，让同学们去体会、去感悟祖国的繁
荣、强大，激发他们的自豪感。把爱国主义精神跟自己联系起来，激发爱

国主义行动，这是我们学院的一些好的做法。还有主题班会以及党日、团日活动等，都是我们学院开展爱国主义教育的一种方式。

问：请问您如何评价学校爱国主义教育的工作成效？

我们学校各部门（如校党委、校团委、教务处、学工处、学生会、教研室等）爱国主义教育方面做了很多的工作，无论是从学习的机制制度方面，还是硬件设施方面，都为爱国主义提供良好的学习氛围。我印象最深的就是红色文化馆的建立，这就是一种很好地利用我们的红色资源对学生进行国情的教育、党史的教育。从我们学院来说，我们学院外面的"传统文化教育墙"里面就展示了一些历史上有成就的人的相关介绍，包括我们专业方面的一些名人等。我们学校，包括我们学院，通过这种榜样宣传，对学生进行爱国主义教育。通过我的接触了解，我们学校的爱国主义教育还是有成效的，因为同学们在大是大非面前或者在一些敏感事件发生的情况下，能够坚决维护国家和民族的利益，敢于和不爱国的言行坚决斗争，我想这就是最好的成效和检测。

问：请问您未来在强化爱国主义教育工作方面有什么打算或计划？

爱国主义教育是思想政治教育很重要的一个部分。我们今后会本着立德树人的教育理念，寓教于乐，将爱国主义教育融入于平时的教育，通过形式多样的社团活动、文化教育等，多方面、多角度、多层次地开展爱国主义教育。同时，在此前的基础上，我们将会创新一些活动的开展方式，使大学生更乐于接受爱国主义教育。今后我们可能也会注重优秀传统文化的教育，发挥团支部、学生会、团委的作用，让学生自我教育。因为我们学院也是素质教育的一个试点，学生会有理研部，包括各个团支部，还有两个党支部，通过发挥大家的作用，让自学跟集体学习结合起来，在有形的学习当中感悟。一是利用寒暑假进行社会实践，二是我们党委组织的社会实践，当然更多的是我们同学平时利用这些机会多去接触社会，多去感悟。我们学院这两年陆续组织了游学活动，比如说去乐平看古戏台，去参观"小平小道"，感受伟人的足迹，用心去体会中国的发展，感受社会进步。在党史、新中国史、改革开放史和社会主义发展史的学习教育中，感受党的思想伟力和中国的发展进步。今后我们会发挥典型榜样的引领作用，通过评奖评优，把一些德、智、体、美、劳方面做得比较好的班级和同学选出来，让大家学习，向身边的同学学习，不断进步，提升自己的能力。

问：请问您觉得目前学校在大学生爱国主义教育工作中存在的问题有哪些？

应该来说，对大学生进行爱国主义教育，是一个很大的课题，需要不断地探索，不断地创新。谈到问题，我倒是觉得有一些方面今后需要加强，在爱国主义教育的内容和途径方面，都要去做一些创新。因为爱国主义教育既是一种自上而下，从学校到老师再到学生的一种自觉、自主的学习，同时更需要唤起学生内心的激情，主动学习。所以今后要从现实情况出发，加强这方面的工作，利用互联网等新的信息技术创新爱国主义教育形式和内容，这是教育者的方面。那么从受教育者来说，无论家庭教育也好，社会教育也好，学校教育也好，个人教育也好，几个层面要齐头并进，共同发力。一个好的家庭环境能为爱国主义打下一个好的基础。比如说我们中国历史上的精忠报国的故事，岳母在岳飞的背上刺下"尽忠报国"（后世演义为"精忠报国"）四个字，这是一个非常好的爱国主义教育的典型，当然还需要挖掘我们中华优秀传统文化中爱国的典型，用一些典型素材，用我们周边的典型榜样，如文天祥、林则徐，抗美援朝当中的一些模范人物，新中国成立以后的李四光、邓稼先等，通过先进典型引领同学们积极向上，爱国爱党、报效国家。这种爱国主义的精神典型，我们要去挖掘、传承。同时，要不断与时俱进，进一步创新方式方法。现在学生，从原来的"80后""90后"到"00后"，他们的思想在不断发生变化，怎么样以他们乐意接受的形式进行爱国主义教育，用哪种形式能让同学们更容易理解，更能激发同学们的爱国主义精神，这是非常重要的。

问：请问您对当代大学生爱国主义精神的期待是什么？

我从20世纪90年代参加工作到现在跨越了将近30年，我感觉大学生的变化是蛮大的。我感觉到原来的大学生的组织性、纪律性是值得现在的大学生学习的。现在大学生的思想可能更加个性一些，包括自我性更强一些。从成长环境来看，原来可能是传统的教育方式多一些，现在随着互联网技术的发展、多媒体的普及，同学们每天接收的信息也很多，也很广泛，特别是处于现在的社会大环境中，多元化思想不断对学生进行冲击，使部分学生产生了精致利己主义、拜金主义。我们时不时会听到一些这方面的事例，比如说超前消费、太过自我等。当然，在面对互联网上错综复杂的信息冲击时，个别学生如果没有很好地接受正规的正面教育，很容易受到一些负面事件的影响，从而导致学生产生一些不正常或不正确的思想。我认为，对大学生进行爱国主义教育，还是要从日常的、具体的思想教育入手，用正面的思想塑造他，克服拜金主义、利己主义等不良思想，把自己的命运跟国家的命运结合起来。一个人的发展，不能仅仅限制在个人甚至家庭，一定要把个人的成长、命运、志向同国家的发展、国家的前途命运结合起来，这实际上就是一种行动，比如说主动关心国家大事，在实际生活当中做自己力所能及的事情。把自己的就业择业跟国家的发展结合起来，主动融入社会、融入集体。我觉得把自己的事情做好了，把个人的素质提高了，在校期间学到了专业本领，今后一定能找到适合自己的岗位，为实现中华民族的伟大复兴作出自己的贡献。因为2021年是一个特殊的年份，既是中国共产党成立100周年，也是"十四五"规划的开局之年，从我们国家对高等教育的要求来说，还是要培养"四有""四为"的学生，为国家发展大局服务，为改革开放服务，为社会主义建设服务。我们作为大学生，一定要在平时把爱国主义融入自己的学习、生活中。首先要有比较远大的志向和理想。大学生从入校开始就应树立一个目标和志向，而且这个目标和志向一定要远大，不能总困在自己的圈子里，眼光应该看远一点，把自己的发展融入国家的发展。再就是在平时的学习、生活当中，要注重提高自己的综合素质，包括思想素质、道德素质等，因为只有这样才能用自己的行动为国家贡献力量。最后也要学会警惕，要有鉴别力，特别是在网上，平时也会遇到一些，比如说敢于和分裂国家的人作斗争、敢于制止对国家不利的言行。前几年有个别人在网上发表不当言论，像是"精日分子"侮辱南京大屠杀的遇难者等，出现这种情况时我们应第一时间站出来。爱国主义还要从人的世界观、人生观、价值观方面培养，养成正确的世界观、人生观、价值观。我记得我在高中时，我的家人经常会跟我讲一些爱国主义的故事。教育者也好，学校也好，教育部门也好，对大学生开展爱国主义教育需要灌输思想，而且要有意识地强调，否则难以产生爱国观念。从事教育事业以来，我觉得我们中国有很多爱国主义教育的天然优势和条件。

比如说爱国主义，什么是爱国主义？爱国主义是每一个公民的一种义务，也是一种职责。梁启超说"天下兴亡，匹夫有责"。所以我想这是个基本的要求。中国有五千多年的历史，世界上有多少国家有这种条件？我们的历史没有断，一直延续下来，为什么能够这样？就是我们传承的爱国主义思想起了重要作用，还有我们中国的自然环境，壮丽河山，长江、黄河、长城等，构建起了强大的文化自信。从古至今，方方面面，世界各地都向我们学习。我们中国有这方面的历史教材、现实教材，每个时代都有，无论是社会主义革命和建设时期，改革开放和社会主义现代化建设新时期，还是中国特色社会主义新时代，都层出不穷，像这次"四史"教育总结，我们从最早的伟大建党精神到西迁精神、抗洪精神、航天精神，到现在的抗疫精神等，正是这种精神支撑我们中国一直延续发展下去，所以说爱国主义精神是很重要的。

一个国家，就像一个人一样，有爱国主义精神就像一个金钟，如果没有爱国主义就趴下来了，民族气节就起不来。只有每个人都有这种民族精神，国家才能强大起来。我自己也感觉到，如果听到哪个国家说我们国家不好，我心里也会气愤，但看到中国取得一些成就，我也会感到自豪。今后我们学院还会组织大家收看各种世界级赛事，让学生从这些大事件中感受祖国的变化和强大。所以我们学校也好，学院也好，这些活动其实就是在进行爱国主义教育。比如说收听收看改革开放40周年大会直播等，从习近平总书记系列讲话当中感受，从每一个事迹报告中感受这种精神，然后去学习它，内化为自己的学习动力。2021年是中国共产党成立100周年，尤其我们"四史"教育这一块，红色资源这一块，我们可能还是要去看一看。我们江西是一个红色资源非常丰富的地方，一定要很好地利用，我们附近就有小平小道，还有南昌八一起义纪念馆，传统文化教育基地——滕王阁、八大山人纪念馆等。如果你要去看的话，不能走马观花，一定要去感悟它。南昌市以外还有中国革命的摇篮井冈山、工人运动的摇篮安源、共和国的摇篮瑞金、长征的出发地等。特别是外省的同学有机会到这里来求学，要利用暑假或者是社会实践多去走一走、看一看，带着周围同学进行宣传，这就是爱国主义教育的一部分。

十二、L主任访谈录

问：请问您认为加强大学生爱国主义教育的意义有哪些？例如在个人层面、社会层面和国家层面分别有哪些意义？

答：爱国主义对一个国家的青年来说是一个永恒的主题。但爱国主义教育是漫长的，国家必须重视爱国主义教育。进入大学的学生，经过了中学的选拔，这个群体相对比较优秀，综合素质较高。大学生拥有了更多的国家资源，爱国是理所当然的，也应该担当更多的社会责任。所以我觉得青年大学生，更应该具有爱国主义精神。青年思想教育极为重要，关系一个国家的前途命运。青年是国家的未来，青年有爱国心，有爱国的情怀，有崇高的理想，国家才有希望。

问：请问您觉得我们大学生的爱国主义精神整体水平如何？

答：我们国家非常重视爱国主义教育。青年学生不仅需要不断地接受爱国主义教育，同时也要加强爱国主义实践。第一次鸦片战争以来，中国处于民族危亡的时候，无数革命先烈抛头颅、洒热血，以我不入地狱谁入地狱的大无畏精神，挽救民族危亡，为解放中国作出了巨大牺牲。大学生应当从历史中学汲取爱国主义养分。

问：请问您所在的学院在大学生爱国主义教育方面采取了什么举措？

答：我觉得这个一直是我思考的问题，爱国主义教育是学校教育的一个核心内容。首先我觉得作为大学就要贯彻党的教育方针，培养德智体美劳全面发展的新时代大学生，让他们成为有先进思想与爱国思想的人。爱国主义教育有很多方式，比如我们有"四百工程"，其中有一个是读百部经典。读百部经典，让学生从经典中汲取养分。我们还通过邀请专家及学术大家给学生做讲座，拓展学生的视野。"四百工程"还有一个是百村调查，建议学生到最偏远、最贫困的地方，到那里去采访、调研，到那里去服务。我们还有个"五好"班团体赛，这个"五好"就是德智体美劳，是一种很好的让大家都能参与的形式。通过这种形式加强学生实践，让学生在实践中提升能力。青年不光要学习好，还要身体好，还要有劳动观念。我们每年都会在休闲广场举行"1+1"劳动技能大赛，大家在一起PK，让学生安排自己的衣食住行等。爱国主义在青年中早已种下基因，从我们的祖先就传承了下来。没有国家，哪有小家。即使没有一个爱国形式的活动，也不等于大家没有爱国的思想。爱国思想需要大家不断发展，不断升华，不断思考，不断实践，不断强化。爱国主义教育的目的是坚定学生的理想信念，让大家在大是大非面前不会左摇右摆，能够以积极的心态同不良思想作斗争。

问：请问您如何巩固学校爱国主义教育的工作成效？

答：要不断加强爱国主义教育活动的效果。通过创新爱国主义教育形式和内容提升爱国主义教育的效果。通过形式多样的活动让学生感受到爱国主义的分量。在策划相关爱国主义教育活动时，要精心构思，从主题设计，到现场的内容设计，包括活动的时间、地点、氛围，都要精心构思。这样才能吸引更多学生参与爱国主义教育活动，才能提升爱国主义教育的效果。

十三、M 主任访谈录

问：请问您认为加强大学生爱国主义教育的意义有哪些？例如在个人层面、社会层面和国家层面分别有哪些意义？

答：爱国主义教育从微观上来说是加强大学生的集体荣誉感，对个人修养的提高有很大帮助，在宏观层面上来说能提高国家的凝聚力，所以说对大学生开展爱国主义教育是非常有必要的。在大学阶段，同学们的思想逐渐成熟，个人的世界观、人生观、价值观都逐渐清晰，因而开展有关爱国主义教育活动对大学生个人今后发展有很大的帮助。结合毕业之后的就业等情况来说，爱国主义教育能使同学们更好地融入社会，在社会中发挥更大的作用。

问：请问您觉得我们大学生的爱国主义精神整体水平如何？

答：大学生目前的爱国主义精神水平还是可以的，同学们参与现在正

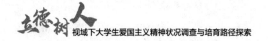
在开展的党史教育活动的积极性还是很高的。

问：请问您所在的学院在关于大学生爱国主义教育方面采取了什么举措？

答：学院从学生入校开始就开展了相关教育活动、讲座等，加强同学们对爱国主义的理解和认识。同时依托我们的相关专业，开展了一系列形式新颖的爱国主义教育活动。在专业学习上会涉及思政教育，在生活实践方面也会组织有关活动，比如团建活动、社会实践活动等。

问：请问您所在的学院是否有开设相关的课程或者课程内容？

答：学院没有专门开设课程，但是在主题班会等活动中我们会与同学们展开沟通和交流。同学们还会参加面向全校的思政课程，如形势与政策课，在这个过程中会接触爱国主义教育。学校在有关教育活动中还是收获了不错的成效。爱国主义教育是贯穿整个教学实践过程中的，而且是不分年级、不分时间段的，学校始终把这一教育工作放在十分重要的位置上，就像之前提到的，从同学们的参与积极性和表现中我们不难看出此类教育活动的成效还是不错的。

问：请问您未来在爱国主义教育工作中有什么打算或计划？

答：未来的教育方向和计划要结合当前的形势，针对在校大学生的个人情况，有针对性地开展教育。对爱国主义教育的理解，不同年级、不同专业背景的同学结合自己的知识与专业都会有一定的认识。爱国主义教育是一个常态化的教育，今后会一直做下去，而且会不断地创新爱国主义教育的方式方法。

问：请问您觉得目前学校在大学生爱国主义教育方面存在的不足有哪些？

答：应多组织同学们去爱国主义教育基地参观学习，因为之前受到新冠肺炎疫情影响，有些参与人数较多或需要外出的活动，按照疫情防控规定，有一定的减少和停滞，以后要继续开展此类活动。目前爱国主义教育可以从在校生的集体荣誉感入手，由于目前大学生还处于学习阶段，与社会接触不多，可以先从寝室、班级、学院和学校这几个集体入手开展爱国主义教育，这会对大学生今后的学习和更好地融入社会有很大帮助。